当代世界学术名著

The People's Choice
How the Voter Makes up His Mind in a
Presidential Campaign （3rd edition）

[美]
保罗·F·拉扎斯菲尔德 Paul F. Lazarsfeld
伯纳德·贝雷尔森 Bernard Berelson
黑兹尔·高德特 Hazel Gaudet
／著

唐茜／译　展江　彭桂兵／校

新闻与传播学译丛
大师经典系列

中国人民大学出版社
·北京·

人民的选择

选民如何在总统选战中做决定

第三版

新闻与传播学译丛·大师经典系列　　　展江　何道宽 /主编

"当代世界学术名著"
出版说明

中华民族历来有海纳百川的宽阔胸怀，她在创造灿烂文明的同时，不断吸纳整个人类文明的精华，滋养、壮大和发展自己。当前，全球化使得人类文明之间的相互交流和影响进一步加强，互动效应更为明显。以世界眼光和开放的视野，引介世界各国的优秀哲学社会科学的前沿成果，服务于我国的社会主义现代化建设，服务于我国的科教兴国战略，是新中国出版工作的优良传统，也是中国当代出版工作者的重要使命。

中国人民大学出版社历来注重对国外哲学社会科学成果的译介工作，所出版的"经济科学译丛"、"工商管理经典译丛"等系列译丛受到社会广泛欢迎。这些译丛侧重于西方经典性教材；同时，我们又推出了这套"当代世界学术名著"系列，旨在迻译国外当代学术名著。所谓"当代"，一般指近几十年发表的著作；所谓"名著"，是指这些著作在该领域产生巨大影响并被各类文献反复引用，成为研究者的必读著作。我们希望经过不断的筛选和积累，使这套丛书成为当代的"汉译世界学术名著丛书"，成为读书人的精神殿堂。

由于本套丛书所选著作距今时日较短，未经历史的充分淘洗，加之判断标准见仁见智，以及选择视野的局限，这项工作肯定难以尽如人意。我们期待着海内外学界积极参与推荐，并对我们的工作提出宝贵的意见和建议。我们深信，经过学界同仁和出版者的共同努力，这套丛书必将日臻完善。

中国人民大学出版社

"新闻与传播学译丛·大师经典系列"
总　　序

　　新闻与大众传播事业在现当代与日俱增的影响与地位，呼唤着新闻学与传播学学术研究的相应跟进和发展。而知识的传承，学术的繁荣，思想的进步，首先需要的是丰富的思想材料的积累。"新闻与传播学译丛·大师经典系列"的创设，立意在接续前辈学人传译外国新闻学与传播学经典的事业，以一定的规模为我们的学术界与思想界以及业界人士理解和借鉴新闻学与传播学的精华，提供基本的养料，以便于站在前人的肩膀上作进一步的探究，而不必长期在黑暗中自行摸索。

　　百余年前，梁启超呼吁："国家欲自强，以多译西书为本；学子欲自立，以多读西书为功。"自近代起，许多学人倾力于西方典籍的迻译，为中国现代社会科学和自然科学的建立贡献至伟。然而，由于中国新闻学与传播学的相对年轻，如果说梁任公所言西学著述"今之所译，直九牛之一毛耳"，那么新闻学与传播学相关典籍的译介比其他学科还要落后许多，以至于我们的学人对这些经典知之甚少。这与处在社会转型过程中的中国的社会经济文化发展的要求很不协调，也间接造成了新闻与传播"无学"观点的盛行。

　　从1978年以前的情况看，虽然新闻学研究和新闻教育在中国兴起已有半个世纪，但是专业和学术译著寥寥无几，少数中译本如卡斯珀·约斯特的《新闻学原理》和小野秀雄的同名作等还特别标注"内部批判版"的字样，让广大学子避之如鬼魅。一些如弥尔顿的《论出版自由》等与本学科有关的经典著作的翻译，还得益于其他学科的赐福。可以说，在经典的早期译介方面，比起社会学、政治学、经济学、法学、心理学等现代社会科学门类来，新闻学与传播学显然先天不足。

　　1978年以后，尤其是20世纪90年代中期以来，新闻与传播教育和大众传播事业在中国如日中天。但是新闻学与传播学是舶来品,我们必须承认,到目前为止,80%的学术和思想资源不在中国,而日见人多势众的研究队伍将80%以上的精力投放到虽在快速发展、但是仍处在"初级阶段"的国内新闻与大众传播事业的研究上。这两个80%倒置的现实,导致了学术资源配置的严重失衡和学术研究在一定程度上的肤浅化、泡沫化。专业和学术著作的翻译虽然在近几年渐成气候,但是其水准、规模和系统性不足以摆脱"后天失调"的尴尬。

我们知道,新闻学产生于新闻实践。传播学则是社会学、政治学、心理学、社会心理学等学科以及新闻学相互融合的产物。因此,"新闻与传播学译丛·大师经典系列"选择的著作,在反映新闻学研究的部分代表性成果的同时,将具有其他学科渊源的传播学早期经典作为重点。我们并不以所谓的"经验学派/批判学派"和"理论学派/务实学派"画线,而是采取观点上兼容并包、国别上多多涵盖(大致涉及美、英、德、法、加拿大、日本等国)、重在填补空白的标准,力争将20世纪前期和中期新闻学的开创性著作和传播学的奠基性著作推介出来,让读者去认识和关注其思想的原创性及其内涵的启迪价值。

法国哲学家保罗·利科(Paul Ricoeur)认为,对于文本有两种解读方式:一种是高度语境化(hypercontextaulisation)的解读,另一种是去语境化(decontextaulisation)的解读。前者力图从作者所处的具体社会语境中理解文本,尽可能将文本还原成作者的言说,从而领会作者的本意;后者则倾向于从解读者自身的问题关怀出发,从文本中发现可以运用于其他社会语境的思想资源。本译丛的译者采用的主要是第一种解读方式,力图通过背景介绍和详加注释,为读者从他们自身的语境出发进行第二种解读打下基础。

"译事之艰辛,惟事者知之。"从事这种恢弘、迫切而又繁难的工作,需要几代人的不懈努力,幸赖同道和出版社大力扶持。我们自知学有不逮,力不从心,因此热忱欢迎各界读者提出批评和建议。

"新闻与传播学译丛·大师经典系列"
编委会

译　序

有学者统计，从1937年在美国普林斯顿大学创建广播研究所，一直到1949年告别传播研究转向其他领域，传播学经验性研究大师保罗·F·拉扎斯菲尔德（Pawl F. Lazarsfeld）总计出版了超过35部（篇）与广播和印刷媒体有关的著述。[①] 《人民的选择》就是其中之一，但这一部显得更加与众不同。

《人民的选择》是拉扎斯菲尔德等人针对美国选民的选举行为，在俄亥俄州伊利县历时7个月所做的一项调查的结晶。由于后期数据的统计和整理异常烦琐，以至于调查结果直到4年后才得以出版。1944年，拉扎斯菲尔德等人又回访了部分选民，并于1948年对《人民的选择》第一版的内容做出修订，出版了第二版。20年后（即1968年），《人民的选择》第三版面世（该版本已被译为德语和西班牙语）。读者面前的这本中文版就是依据英文第三版翻译的。

本书被称为传播学经典之作，主要是因为其在理论和研究方法两方面的创新。在理论上，《人民的选择》的主要贡献"是深入考查了总统

[①] 参见［美］彼得·西蒙森、加布里埃尔·韦曼：《哥伦比亚的批判研究：拉扎斯菲尔德与默顿的〈大众传播、流行品位与组织化社会行为〉》，载［美］伊莱休·卡茨等编，常江译：《媒介研究经典文本解读》，20页，北京，北京大学出版社，2011。

竞选中媒体的政治宣传所起的作用。调查发现清楚地表明，这些宣传激活了由社会类别关系决定的潜在的既有倾向；强化了那些因受社会属性的限制而较早做出的决定；甚至使少数人由一方转到另一方。但是改变过程要真正起作用，还要受很多限制，它主要发生在那些先做出暂时性的选择但又不坚定的选民身上，这种人对竞选宣传不太感兴趣，而且处在由他们所属的社会群体所产生的多重压力之下。"①

拉扎斯菲尔德等人发现，大众传媒对人们的社会行为的影响并没有想象得那么强大，这项发现被认为是开了"有限效果"范式的先河。在这里需要提醒读者的是，要对"有限效果"这个概念保持警惕。正如彼得·西蒙森（Peter Simonson）和加布里埃尔·韦曼（Gabriel Weimann）所说，有限效果并不意味着"没有效果"，也不等于"弱效果"。有限效果意指"出于社会目的的宣传"只有在有限的条件下方能取得强大的说服效果。在大多数情况下，既有的社会及心理机制会保护受众免受大众传播的直接影响，从而将媒介产生的迅即性与整体性效果降至最弱。拉扎斯菲尔德认为，只有当媒介信息与其他沟通模式互为补充，只有当媒介没有被另一种流通范围更为广泛的媒介挑战，只有当媒介吸纳并传播既有价值、信念和感知时，其影响力才最大。②

除此以外，这项研究还收获了"意外发现"，就是我们熟悉的"两级传播流"和"意见领袖"的概念，这项"意外发现"在之后迪凯特的研究中得到了进一步证实。

在研究方法上，《人民的选择》采用的是固定样本方法。早在1938年，拉扎斯菲尔德就对这一方法有所钻研，并在《公众舆论季刊》上发表了题为"'固定样本'作为一种测量舆论的新工具"（The 'Panel' as a New Tool for Measuring Opinion）的论文。在此之前，拉扎斯菲尔德把它运用到对女性杂志受众的研究上。直到1940年，逐渐成熟的固

---

① [美]希伦·A·洛厄里、梅尔文·L·德弗勒著，刘海龙等译：《大众传播效果研究的里程碑》，84页，北京，中国人民大学出版社，2004。

② 参见[美]彼得·西蒙森、加布里埃尔·韦曼：《哥伦比亚的批判研究：拉扎斯菲尔德与默顿的〈大众传播、流行品位与组织化社会行为〉》，载[美]伊莱休·卡茨等编，常江译：《媒介研究经典文本解读》，32页，北京，北京大学出版社，2011。

定样本方法才被运用到像伊利县调查这样的大型研究中。

"《人民的选择》向我们展示了一个创造性的调查设计是如何应用于纵向研究的。许多重要的社会行为都是一个在一段时间内发生的过程，典型的实验和调查方法只能对某一时间点进行研究，《人民的选择》中的固定样本设计通过在整个过程中跟踪相同的受访者克服了这些局限和不足，这一设计有效地回答了反复调查会不会造成影响的问题。在这个调查中，答案是否定的。"①

后来，固定样本方法又被运用到另一项有关总统选战的调查研究中，所形成的成果《投票：总统选战中意见形成的研究》出版于1954年。拉扎斯菲尔德因在方法论上的贡献，被后来的社会学家称为"工具制造者"。埃弗雷特·M·罗杰斯（Everett M. Rogers）就此评价道："从根本上说，拉扎斯菲尔德是一个制造工具的人，只有在第二位的意义上他才是一个传播学学者。"②

本书共分为十六章。前两章是总论，介绍研究方法和调查所在地的基本情况。第三、四两章介绍共和党与民主党选民在社会属性和意识形态上的差异。第五、六、七章介绍各种差异是如何决定这些选民的投票兴趣、做决定的时间以及态度的转变的。第八、九、十、十一章介绍大众传媒的政治宣传对选民做决定所产生的影响，并做了总体上的比较。第十二、十三、十四章分别介绍选民对获胜者的预期、选民所能接触到的媒介的实质、选民对大众媒介的选择性接触及其影响。第十五、十六章介绍社会群体的属性以及个人在群体中的影响。

拉扎斯菲尔德在本书中提出的概念和理论有它们自己的历史和社会语境，此外，本书是针对美国民主传统中的公民投票行为进行的研究。从这一点来说，本书的研究发现并不完全与中国现行体制下的政治传播形态契合。但是，在中国当下的传播实践中，拉扎斯菲尔德及其原创概

---

① ［美］希伦·A·洛厄里、梅尔文·L·德弗勒著，刘海龙等译：《大众传播效果研究的里程碑》，84页，北京，中国人民大学出版社，2004。

② ［美］埃弗雷特·M·罗杰斯著，殷晓蓉译：《传播学史：一种传记式的方法》，299页，上海，上海译文出版社，2002。

念和研究方法的影子似乎已经随处可见,从"意见领袖"到"两级传播流"概念,乃至于"有限效果论",都得到了普遍运用。

例如,在今天的互联网时代,在国内的网站上——尤其是微博——赫然出现了一批"意见领袖"。这些"意见领袖"通过两级传播流甚至是多级传播流影响着中国的舆论环境,在总体上发挥了推动社会进步和改革的作用。再如,在一个多元化或日趋多元化的社会中,党报的传播效果之所以有限,就在于既有的社会和心理机制影响着人们对媒体的选择性接触,一旦党报上的某一言论或其刊载的某一事件符合人们的普遍认识,或者与人们的普遍认识相抵触,它就会产生强大的舆论效果,这很好地诠释了"有限效果论"的内涵。

在《大众传播效果研究的里程碑》中,希伦·A·洛厄里(Shearon A. Lowery)和梅尔文·L·德弗勒(Melvin L. DeFleur)将本书列为美国经验主义传播学术史上的第三个里程碑,并予以如下评价:"《人民的选择》是社会科学史上最成熟的调查研究之一。在大众传播理论的发展中,它的地位无可争议。它迫使传播理论学家们重新思考大众社会的概念、媒体影响无所不能的观念、社会属性的作用以及人际联系的重要性,在大众传播研究的历史中,没有哪个研究能有如此大的影响。"①

罗杰斯认为:"《人民的选择》是拉扎斯菲尔德在美国的第一部闻名的著作、媒体效果研究的经典之作,标志着选举研究的新学科的开始。"② 丹尼斯·麦奎尔认为:《人民的选择》是"首次对大众传播在竞选活动中的效果所作的严密研究"③。社会学家戴维·L·西尔斯评价道:"《人民的选择》简朴而且简练,它将永远成为经典,在理论和方法

---

① [美] 希伦·A·洛厄里、梅尔文·L·德弗勒著,刘海龙等译:《大众传播效果研究的里程碑》,85页,北京,中国人民大学出版社,2004。
② [美] 埃弗雷特·M·罗杰斯著,殷晓蓉译:《传播学史:一种传记式的方法》,303页,上海,上海译文出版社,2002。
③ [英] 丹尼斯·麦奎尔、[瑞典] 斯文·温德尔著,祝建华译:《大众传播模式论》(第2版),56页,上海,上海译文出版社,2008。

论上都做出了重要的贡献。"①

　　本书给中国传播学界和民意调查实务界提供的方法论上的范例也是不言而喻的。有鉴于当前中国大众传播实践欣欣向荣的景象，恰当的、易操作的传播研究方法更需要我们去探索。特别是在今天的互联网时代，发达的科技和工具为我们在数据整理和统计分析上提供了拉扎斯菲尔德所处的时代尚不具备的便利条件。因此，在传播研究方法上借鉴和吸取西方学界在研究方法上的创新，有利于中国传播学者针对本土经验，创造出基于本土语境的理论，这也是翻译本书的旨趣所在。

展江　彭桂兵
2011 年 11 月 2 日

---

① David L. Sills, "Paul F. Lazarsfeld: 1901—1976", Biographical Memoirs, vol. 56 (Washington D.C.: National Academy Press, 1987), 263.

第三版序言

自我们首次对人民如何做出选择进行研究至今，已超过25年了。这段时期，哥伦比亚大学的一批社会学家逐步发展了从那次研究中得出的观点，其他研究中心的同行也接手了一些主题，并加以拓展。相关社会科学学科的成员们涉及我们的工作，有时是以批评性的方式。我们有意在新版序言中评论这些发展的一部分。

在第二版序言中，我们也试图强调这种延续性的观点，在那时，我们似乎主要是在澄清固定样本（panel）研究的本质。既然固定样本成为社会研究方法的既定组成部分，那么我们就能够评价其在广泛范围内的发展。诸如，在第一次报告中某些只是试探性地表达出的观点现在已经从经验上得到验证。此外，当初没有在研究中进行分析的许多原始数据已经被采用。当时，我们没有时间和金钱探索两项重要论题：多种变量间的互动以及重复访问同一受访者可能产生的影响。继承哥伦比亚二手资料分析的传统，自起初的研究以来，这种必要的工作一直在持续。我们现在利用这个时刻将之呈现出来以便于讨论。序言之末，我们将试图追踪在早期研究中所提出的一些预测的结果。我们将看到迄今为止有多少众所周知的如第二版序言中概括的"有必要进一步的研究"成为现实。

我们从上面提到的第一个论题开始。那些在起初的文本中有点边缘的并且是推测性的观点在多大程度上得到了跟进？最后一章将给出诸多很好的例证。

个人影响

在1940年大选期间，大众媒介的作用被证明是非常小的，这主要——如有人事后推测的那样——因为大部分论点要么是为支持要么是为反对罗斯福而构想的，并且经过前两次选战而显得乏善可陈。然而，在研究的过程中，我们为人与人之间大量的互动而倍感惊讶，尤其是在关键的几个月里。但由于我们的主要努力方向在于能够建立更加规范的传媒角色，研究不允许我们非常具体地为这种印象提供证明。当时我们能做的就是列出一系列的假设和推测，反复思考着我们已经识别的"意见领袖"（opinion leaders）。他们是一些看起来对议题持有兴趣并且擅长表达的选民，他们不仅能够给出政治性的建议，甚至还竭力改变其他人的想法。我们发现这些意见领袖存在于所有职业群体中，他们绝非都是富有者或者最优秀的人，但他们实际上是怎样影响他人的决定的呢？我们为这些问题而着迷。

尽管我们在1940年的研究中并没有仔细考察个人影响的实质，但却间接提到了"两级传播流"（two-step flow of communications）的概念。使用这个概念，我们意指大众传媒往往通过两个过程向受众传递信息。意见领袖读报或听广播后，会将过滤后的少量的观点和信息，传递给那些不太活跃的人群。这些初步的假设通过在伊利诺伊州迪凯特（Decatur）的一项调查得到验证，并发表于伊莱休·卡茨（Elihu Katz）[1]和保罗·拉扎斯菲尔德的《个人影响》（*Personal Influence*）一书中。[2]

---

[1] 伊莱休·卡茨（1926— ），美国宾夕法尼亚大学安嫩伯格大众传播学院教授，一生大部分时间在研究传播，主要关注公共领域内媒介、谈话、意见和行动之间的相互影响。其著作有《个人影响》、《大众传播的使用》、《意义输出》和《媒介事件》等。——译者注

[2] Elihu Katz and Paul F. Lazarsfeld, *Personal Influence*, Glencoe, Ⅲ.: The Free Press, 1955.

卡茨继续对研究成果进行深层次挖掘，他竟得出了一个出乎意料的结论，即意见领袖的作用并非我们想象的那样具有独立性或者说可以被忽视。长期以来，农村社会学家已经注意到这一中间媒介在农业创新技术的推广过程中所起的作用。[1] 卡茨在此基础上对这个比较作了详细说明，他和两个同伴——詹姆斯·科尔曼（James Coleman）[2] 和赫伯特·门泽尔（Herbert Menzel）[3] 将研究带入一个全新领域：内科医生所采用的医疗革新技术的模式研究。[4]

由于战争的影响，我们不可能在1944年进行对第二次选举投票的研究，但1948年在纽约州埃尔米拉（Elmira）一项新的固定样本研究中，早期的一些推测得到进一步证实。研究结果于1954年在《投票》（Voting）[5] 一书中出版，其中题为"对投票决定的社会心理学分析"（The Social Psychology of the Voting Decision）的一章，囊括了对选民投票的整个决定过程的研究。

不仅《人民的选择》中的一些根本观点已得到确立，固定样本分析方法本身也得到了系统性的归纳，短期变化分析成为一系列专门研究。本书在第二版序言中阐释的态度转变表格成为这些研究的起点。但选民在每次受访后态度的转变，在总体样本所分成的各个组群中有所不同，对这些"受条件限制的转变"的分析成为固定样本研究的第二步骤。这一问题特别需要通过研究那些打算投票但并没有那样去做的选民而得到详述，它也是与理解选举预测相关的实践性主题。威廉·格拉瑟（Wil-

---

[1] Elihu Katz, "The Two-step Flow of Communication: An Up-To-Date Report on an Hypothesis," *Public Opinion Quarterly*, XXI (1957-58), 61-78.

[2] 詹姆斯·科尔曼（1926—1995），美国社会学家，数学社会学先驱。著有《数学社会学导论》、《医学创新：一项扩散研究》、《社会理论的基础》等。——译者注

[3] 赫伯特·门泽尔（1921—1987），纽约大学社会学教授。早年在威斯康星大学获得博士学位，1965年进入纽约大学任教，在此之前在哥伦比亚大学和嘉尔顿学院任教。他是《医学创新：一项扩散研究》的合著者之一。——译者注

[4] James S. Coleman, Elihu Katz, and Herbert Menzel, *Medical Innovation: A Diffusion Study*, New York: The Bobbs-Merrill Co., Inc., 1966.

[5] Bernard Berelson, Paul F. Lazarsfeld, and William N. Mcphee, *Voting: A Study of Opinion Formation in a Presidential Campaign*, Chicago: University of Chicago Press, 1954.

liam Glaser)① 对固定样本在此阶段的分析已有著述。② 一旦总体转变和受条件限制的转变被阐明，最后该通过第三步——各个变量之间的变化是怎样互相关联——对社会过程做完整成熟的分析。换言之，态度不仅随时间转变，在转变之时也对他人产生影响。分析多种变量间的互动成为接下来一系列研究的主要任务。

《人民的选择》一书的资料实际上包含着此类分析的原始材料，但在第二版的时候，某些技术尚不能使用。直至我们可以利用早期数据，研究方法才可算有所发展。如今，我们有机会总结关于这些"互动关系"分析的主要结论。

与时间相伴的互动③

1940年，威尔基（Willkie）④ 成为一位新的政治人物，持各种政治倾向的每位选民都必须决定是否投他的票。人们对威尔基的印象自然和自己的投票意愿紧密相连。表1是从1940年俄亥俄州伊利县所有团体选民对威尔基的意愿和态度的基本信息中得出的统计。它被称为十六格表（sixteen-fold table），从表1可以看出，在选战初期，全国代表大会（8月）刚过，选民态度和投票意图之间的关系并不如两个月后紧密，持分歧态度的人数（反对威尔基的共和党人、支持威尔基的民主党人）从59下降到42，这从表1的总数中可以看出。

---

① 威廉·格拉瑟，哥伦比亚大学社会学教授。主要研究方向是跨国医疗体系的比较分析。其著作有《舆论和国会选举》、《社会背景和医疗组织：对医院的跨国研究》、《给医生付费：薪酬制度及其影响》等。——译者注

② William Glaser, "Intention and Voting Turnout," *American Political Science Review*, LII (1958), 1030-40.

③ A detailed analysis can be found in S. M. Lipset, P. F. Lazarsfeld, A. H. Barton, and J. Linz, "The Psychology of Voting: An Analysis of Political Behavior," in G. Lindzey, ed., *Handbook of Social Psychology*, Cambridge, Mass.: Addison-Wesley Publishing Co., Inc. 1954, pp. 1150-64.

④ 温德尔·威尔基（1892—1944），美国政治人物、律师、共和党人。曾代表共和党在1940年参加美国总统选举，与民主党的罗斯福选战美国总统，最后失败。1941年和罗斯福总统夫人埃莉诺·罗斯福共同创建非政府组织自由之家，1942年曾访问中国。——译者注

表 1　　　个人对威尔基的支持与其投票意图的转变共存
（1940年选举，俄亥俄州伊利县）

		第二次访问				总计
	政党	＋	＋	－	－	
	对威尔基的态度	＋	－	－*	＋**	
第一次访问	（＋＋）支持威尔基的共和党人	129	3	1	2	135
	（＋－）反对威尔基的共和党人	11	23	0	1	35
	（－＋）支持威尔基的民主党人	1	0	12	11	24
	（－－）反对威尔基的民主党人	1	1	2	68	72
	总计	142	27	15	82	266

* 原书如此。疑为"＋"，指支持威尔基的民主党人。——编者注
** 原书如此。疑为"－"，指反对威尔基的民主党人。——编者注

随着选战的展开，如果人们有调和不同态度的倾向，他们会向哪一方流动呢？——是根据他们投票的意图而调整某些意见还是以其他方式进行？从24组具有如下特征的例子中可以概括出问题的答案：在第一次访问时，支持威尔基的民主党人和反对他的共和党人并没有跟从、模仿大多数人的意见，而是持有"分歧"态度。然而，在第二次访问时，他们却"趋于一致"，态度和意见开始匹配。这种表现如表2所示。可以看出，这些虽小但很关键的小组中的大多数人都持有自己的投票意图，并适时调整自己对威尔基的观点。那些政党的忠实人士对这位新杀出的政治人物的意见较之态度方面更不易改变。在表3中显示了另外一组值得注意的人群，这些人本在第一次受访时态度一致，但第二次却表现出态度不一致的模式。

表 2　　　在两次访问中态度趋于一致的选民反应模式

		第二次访问	
		＋＋	－－
第一次访问	＋－	11	1
	－＋	1	11

表 3　　　在两次访问中态度不一致的选民反应模式

		第二次访问	
		＋－	－＋
第一次访问	＋＋	3	1
	－－	1	2

对人们态度的转变可以给出两种阐释。其一，它们指出了选民在整个过程受到的在研究中所提及的两种因素以外的其他因素影响的程度。如果表1的第一和第四行的第二和第三组*数据庞大，我们可以知道即使实现了暂时性的一致，外部因素仍会影响两种态度之间的关系。同时可以看出，两种基本变量中的一个更易于受到"冲击影响"（shock effect）。从现实事例可知，人们对威尔基的态度并不如其投票意图那样稳定。[①]

这种分析提出了一种普遍的方法，这种方法形塑和阐明了一系列态度的相对强度和深度的旧观念。从《人民的选择》一书的资料中可知，数据对于以下论题具有可操作性：投票意图；对罗斯福的支持；对威尔基的支持；对第三任期的态度；关于从政和从商经验哪个对于一个总统而言更重要的不同观点。关于这五个问题，我们可以建立类似于表1的10个十六格表。那么我们就可以仿效表2，把推理的过程转化成表示每一组两个变量间的"相对强度"的指数。

这个指数的细节在这儿可以忽略不计，只要说这个指数考虑了每个变量各自的稳定性，以及一个变量的变化受另一个变量的变化的影响越大，其指数就会越大，这样就够了。

正如预料，我们发现个体态度都或多或少地和同组其他成员的态度有关。而且在第二次访问中表现出来的关联程度更高。随着选战活动的进行，选民们逐渐形成了趋于一致的态度模式。评价多种态度之间的互相影响的指数，我们可以确定每一种态度在建立最后的模式方面的相对重要性。

按照态度出现的重要性明确排序：每一个变量都比上一个变量弱而比下一个变量强。这种复杂的态度聚集在一起就构成了对本政党的忠诚，因此，投票意图远比单一的选举问题有力（见表4）。也就是说，在1940年大选期间，选民个人的投票并不是由其对某一选战问题的特

[①] An insightful discussion of such interaction tables has been provided by Donald Campbell, "Quasiexperiments and Research Design," in Chester W. Harris, ed., *The Measurement of Change*, Madison, Wis.: University of Wisconsin Press, 1963. 其数学方法在以下书中得到进一步发展：James Coleman, *Introduction to Mathematical Sociology*, New York: The Free Press, 1965, Chapter X.

* 作者的表述间接证实表1第三组数据"—"下应为"＋"而非"—"。——编者注

定观点所决定的，相反，他所有的观点都取决于他对所属政党的忠诚。

表 4　　　　　　　　　　五种态度的相对强度

强度*	投票意图	对罗斯福的看法	对第三任期的看法	对威尔基的看法	从政与从商经验的比较
投票意图	—	+0.029	+0.037	+0.129	+0.144
对罗斯福的看法	−0.029		+0.052	+0.067	+0.101
对第三任期的看法	−0.037	−0.052		+0.025	+0.090
对威尔基的看法	−0.129	−0.067	−0.025		+0.079
从政与从商经验的比较	−0.144	−0.101	−0.090	−0.079	—

＊按与投票意图相关的强度排序。

直接或间接与罗斯福相关的一些具体问题最为重要。"对罗斯福的看法"是所有态度中最强烈的，其次是"对第三任期的看法"，这在很大程度上由"投票意图"（即对政党的忠诚）和"对罗斯福的看法"共同决定。"对威尔基的看法"同我们预测的一样，是非常不重要的，因为威尔基相对来说并不知名。

这种分析整个过程的基本观点自那以后已经被应用于各种数据和论题中，因此，罗森堡（Rosenberg）[1] 以此为基础研究大学生在成熟过程中的职业选择和一般价值观及其互动关系[2]。麦克迪尔（McDill）和科尔曼也将这种方法应用于对高中学生的研究中[3]，考察他们的社会关系和学术兴趣是怎样互动的。在市场研究中，拥有一种产品和接触这种产品的广告之间的互动也采取这种方法进行研究。

有人认为，就这点而言，《人民的选择》为经验性研究与传统上

---

[1] 莫里斯·罗森堡（1922—1992），美国社会学教授。1975—1992 年在马里兰大学任教。在此之前在康奈尔大学和国家精神健康研究院任职。他因为对人的自尊和自我概念的研究而闻名于世。1965 年他创立了"人的自尊量表"。其主要著作有《社会和青少年的自我形象》、《构建自我》、《自我概念的社会心理学分析》等。——译者注

[2] Morris Rosenberg, *Occupations and Value*, Glencoe, Ⅲ.: The Free Press, 1957.

[3] Edward L. McDill and James Coleman, "High School Social Status, College Plans, and Academic Achievement," *American Sociological Review*, XXVIII (1963), 905-18.

对社会过程概念的关注之间架起了一座桥梁;就另外一点而言,固定样本方法更多地处于守势,本版序言为重新探讨此问题提供了平台。

固定样本的偏向

关于固定样本的研究,有一个问题从一开始就困扰着我们,即如此反复对选民进行访问是否会影响他们的反应?比如,如果一组人被告知他们将被连续访问诸如是否知道西贡(Saigon)① 的地理位置等问题,那么做出肯定回答的人会迅速增多。然而,把这种变化归因于越来越多的人涉入战争无疑是冒险的做法,因为这仅表明受访者对事实愈加熟悉。另一方面,不可能的是,通过重复访问选民使其表达投票意图就会证明其在投票上有类似的转变。可能在社会学访问中的大部分问题都会出现在这两种极端情况之间,但在没有对其进行测试以前,我们不能得出这种结论。

我们已为在伊利县进行的研究测试说明了理由。我们的基本固定样本包括600名受访者。第一步,我们实际访问了3 000人并随机形成了每组600人的4个组。除固定样本组外的三组都仅被重复访问了一次。重复访问的时间如表5所示。

表5　　　　　　　　　重复访问的时间分布

		控制组
		A　B　C
第一次访问	5月	*　*　*
第二次访问	6月	
第三次访问	7月	*
第四次访问	8月	*
第五次访问	9月	
第六次访问	10月	*
第七次访问	11月	

---

① 西贡,现名胡志明市。——译者注

之后，查尔斯·Y·格洛克(Charles Y. Glock)① 对从实验中得出的数据进行了集中分析。② 他将固定样本组的偏向中非常一般的观点分解成许多可以用现成的数据进行测试的具体问题。格洛克持怀疑的态度，认为重复访问受访者会对他们产生一定影响，并假定这种影响会以多种形式存在。格洛克分解的具体问题包括：

（1）重复访问会使固定样本组的受访者对研究主题比最初更加了解和感兴趣。

（2）重复访问会使固定样本组的受访者更多地接触所研究主题的信息。

（3）重复访问会使固定样本组的受访者更迅速地按照自己对主题所作的思考而不是采用其他方式来解决冲突。

对第一种假设的典型测试例子是在伊利县调查中的第一、第四和第六次研究时提出的一个问题："你对即将到来的选战是非常感兴趣、一般感兴趣、比较感兴趣还是根本不感兴趣？"测试过程包括对控制组和固定样本组的比较。测试结果如表6所示。表6是格洛克所做的所有测试中最具代表性的一个表，它表明，尽管在第四次研究中，固定样本组是第四次被访问，控制组是第二次被访问，但他们的兴趣分布非常相似。当固定样本组第六次被访问时，相应的控制组是第二次被访问，此时两组受访者的兴趣都呈现出了上升的趋势。在固定样本组中，这种兴趣的上升要略高于控制组，而在其他类似的表格中没有出现什么差异。因此，格洛克有理由认为，没有证据说明重复访问可以影响人们对选战活动的兴趣。

对于第二种假设，要研究重复访问对受访者在信息接触方面的影响，这里有大量可利用的数据，因为设计研究的主要目的就是追踪大众

---

① 查尔斯·Y·格洛克，美国社会学教授，主要学术兴趣是宗教社会学和调查研究方法论。1946—1957年在哥伦比亚大学应用社会学研究所任职，1958年在行为科学高级研究中心任职，1958年至退休在加州大学伯克利分校任教授。主要著作有《基督教信仰与反犹太主义》、《新宗教意识》、《冲突中的宗教与社会》等。——译者注

② Charles Y. Glock, "Participation Bias and Reinterview Effect in Panel Studies," unpublished doctoral dissertation, Columbia University, 1952.

传媒的影响。在第一次和接下去的两次访问里，控制组和固定样本组的受访者在信息接触方面都增至大约同等的程度。尽管如此，随着时间的推移，固定样本组的受访者比控制组更多地转向了收音机，对杂志的偏好却不如控制组。巧合的是，通过研究发现，人们在收音机里听到信息的频率要高于在杂志上看到信息的频率，这也就引导固定样本组的受访者将注意力转向收音机广播的信息。

我们从第三种假设中得到了最明晰的结论。格洛克关注受访者中尚未做出投票决定的那部分选民的比例。随着选战之日愈加临近，这部分人在减少。通过对控制组和固定样本组进行比较，他得出了下列结论：重复访问使固定样本组的成员比其他组的受访者更快地形成了自己的投票意图（这种影响在男性身上更为明显）。但共和党人和民主党人的比例没有受到影响。

在格洛克的分析中包含了一直持续到现在的固定样本组的研究，他的研究结果的详细概括已被译成法文。① 从格洛克的研究成果可知，表6列举的简单程式可以总结出关于固定样本组成员经验的洞见。

表6　　　　　　　　　　重复访问的影响　　　　　　　　　　（%）

第X次访问相对于第一次访问	第四次		第六次	
兴趣的改变	固定样本组 A	控制组 B	固定样本组 6	控制组 C
增加	22	22	34	28
不变	66	66	58	60
减少	12	12	8	12
	100	100	100	100

预期和挑战

在第二版序言中，我们大致描绘了未来研究的道路。如今有许多已成为现实，其中有三项已经讨论过了：个人影响、态度间的互动、固定样本的偏向。

---

① See François Chazel et al., eds., *Méthodes de la Sociologie: Analyse Dia Chronic*, Paris: Mouton, 1968.

尽管我们已经详细研究了在大选中转变投票态度的选民的个性特点和社会背景,但却没有得出更好的成果。然而,关于这项调查的一个重大变量已经被帕特里夏·肯德尔[1](Patricia Kendall)研究过[2],她详细分析了导致这种转变增加或减少的问题及情境的类型。

在我们所谓的方法论挑战中,我们建议探索固定样本方法与其他学科间的关系。自那时起,西奥多·安德森(Theodore Anderson)[3]把"马尔可夫链"(Markov Chains)[4]数学方法应用到我们的数据中[5],他的论文对后期以数学的研究方法研究社会进程起到了推动作用。

由于我们在早期对固定样本研究和心理学实验研究之间的关系感兴趣,1954年,我们邀请卡尔·霍夫兰(Carl Hovland)[6]在达特茅斯学院(Dartmouth College)(行为主义科学高级研究中心参与协助)参加夏季学术研讨会。他以美国东部心理协会会长的身份出席,阐述了很多具有启发性的案例。[7] 伯纳德·贝雷尔森(Bernard Berelson)将固定样本研究中的投票行为与政治理论联系在一起[8]。

---

[1] 帕特里夏·肯德尔(1922—1990),美国社会学家,拉扎斯菲尔德之妻,主要研究传播社会学和医学社会学。1965年到纽约市立皇后学院任教,1970—1971年任该校社会学系主任。她之前在哥伦比亚大学应用社会学研究所任职20多年。主要著作有《冲突与情绪》、《拉扎斯菲尔德社会学文集》等。——译者注

[2] Patricia Kendall, *Conflict and Mood*, Glencoe, Ⅲ.: The Free Press, 1954.

[3] 西奥多·安德森(1918—),美国数理统计学家,斯坦福大学经济学系教授。1945年于普林斯顿大学获得博士学位。其主要研究兴趣是计量经济学理论和方法论。1962—1963年任美国数理统计研究院主席,1971—1973年任美国统计学协会副主席。——译者注

[4] 马尔可夫链,因安德烈·马尔可夫得名,是数学中具有马尔可夫性质的离散时间随机过程。在该过程中,在给定当前知识或信息的情况下,只用当前的状态来预测将来,过去(即当前以前的历史状态)对于预测将来(即当前以后的未来状态)是无关的。——译者注

[5] Theodore Anderson, "Markov Chains and Panel Analysis," in Paul F. Lazarsfeld, ed., *Mathematical Thinking in the Social Sciences*, Glencoe, Ill.: The Free Press, 1953.

[6] 卡尔·霍夫兰(1921—1961),美国心理学家,耶鲁大学实验心理学教授,在第二次世界大战期间曾应聘担任美国陆军部心理实验室主任。主要著作有《大众传播实验》、《传播与说服》等。——译者注

[7] Carl I. Hovland, "Reconciling Conflicting Results Derived from Experimental and Survey Studies of Attitudes Change," *American Psychologist*, XIV (1959), 8-17.

[8] See *Voting*, Chapter 14. 贝雷尔森也发展了一系列系统性的研究成果,并把它们纳入社会科学知识的一部分。See Bernard Berelson and Gary A. Steiner, *Human Behavior*, New York: Harcourt, Brace & World, Inc., 1964.

基于固定样本方法，英、法等国都对围绕选举产生的一系列论题开展了研究①；其中一部分已被弗朗索瓦·沙泽尔（François Chazel）② 评价过。③ 在1954年国会选举期间，哥伦比亚小组与美国公众舆论研究会的会员合作组建了大量的区域性固定样本组。后期的出版物表明了固定样本研究方法适应了不同的社会语境④，自由出版社打算把哥伦比亚选举研究列为题为"社会研究的连续性"的系列专著⑤之一。设计系列专著的目的就是把主要的已经出版的研究成果作为起点，邀请不同的专家对继续研究的意义和相关调查的重要性给予评价。所以，已经设计的第三卷的供稿是如此之多。以至于伯迪克（Burdick）和布鲁德贝克（Brodbeck）两位主编最后决定出版一套关于美国投票行为的更普通的卷本⑥，特别要提的是，好多论文都是具体针对固定样本进行的分析。我们要特别注意的是，塔尔科特·帕森斯（Talcott Parsons）⑦ 努力把我们的经验性研究结果与他的社会系统的一般理论联系起来，拉特布什（Ratbush）则强调可以把固定样本方法应用到对购买行为的重复观察

---

① See Mark Benny, A. P. Gray, and R. H. Pear, *How People Vote*: *A Study of Electoral Behavior in Greenwich*, London: Routledge and Kegan Paul, 1956; Foundation Nationale des Sciences Politiques, *L'Établissement de La Cinquième République*: *Le Référendum de Septembre et les Elections de Novembre 1958*, Paris: Armand Colin, 1960; R. S. Milne and M. D. Mackenzie, *Straight Fight*: *A Study of Voting Behavior in Greenwich*, London: Routledge and Kegan Paul, 1956; and R. S. Milne and M. D. Mackenzie, *Marginal Seat*, *1955*: *A Study of Voting Behavior in the Constituency of Bristol North-East at the General Election of 1955*, London: The Hansard Society, 1958.

② 弗朗索瓦·沙泽尔（1937— ），巴黎第四大学教授，主要研究领域为行为社会学、社会过程和社会分层。曾和拉扎斯菲尔德合作著书《社会过程的分析》。另有其他著作：《社会学基础》、《集体行动和社会运动》、《涂尔干：社会学方法的规则》等。——译者注

③ François Chazel, "La méthode du panel et ses possibilities, d'application," *Revue Française de Sociologie*, VII (1966), 684-99.

④ William N. McPhee and William Glaser, *Public Opinion and Congressional Elections*, Glencoe, Ⅲ.: The Free Press, 1962.

⑤ 前两卷是《美国士兵》和《权威个性》。

⑥ Arthur Brodbeck and Eugene Burdick, eds., *American Voting Behavior*, Glencoe, Ⅲ.: The Free Press, 1959.

⑦ 塔尔科特·帕森斯（1902—1979），美国社会学家。第二次世界大战后统整社会学理论的重要思想家，结构功能论的代表人物。其主要著作有《社会行动的结构》、《社会系统》、《经济与社会》、《关于行动的一般理论》。——译者注

中，这是非常典型的常用的市场调研方法。埃莉诺·麦科比（Eleanor Maccoby）[1] 对固定样本方法的逻辑性的质疑依旧在文献中被讨论。[2]

我向哥伦比亚大学出版社表示谢意，感谢它向我们提供这个机会来阐述我们自己连续性的研究。[3]

保罗·F·拉扎斯菲尔德

1967 年 12 月于纽约

---

[1] 埃莉诺·麦科比（1917— ），美国心理学教授。先后在哈佛大学和斯坦福大学任教，1973—1976 年任斯坦福大学心理系主任。她以研究性别差异心理学而著名。其主要著作有《社会发展：心理成长和父母与孩子的关系》、《性别差异心理学》、《与孩子分开：监护的社会和法律的两难困境》。——译者注

[2] 关于固定样本方法的两个说明是可获得的。See Hans Zeisel, *Say It With Figures*, New York: Harper Brothers, 1963, fourth edition, Chapter X; and Jiri Nehnevajsa, "Die Panel Methode," in René Koenig, ed., *Handbuch der Empirischen Socialforschung*, Cologne: 1959.

[3] 我的两个晚辈合作者仍有他们自己的研究领域。黑兹尔·高德特是《公众舆论季刊》的主编，而伯纳德·贝雷尔森是人口委员会主席。

第二版序言

战争，为社会科学家们提供了史无前例的贡献其技能和知识的机会。社会学家们被召集起来研究战士士气，以使得军队能调整限制其发挥有生力量的态度和形势；社会心理学家们被要求检验到达美国公众的宣传力度，好让宣传的发源地——政府部门得以改进，以削弱敌人的对抗；人类学家们利用自身掌握的多样性的文化知识，为军队的首长提供避免或者减少同日本人、所罗门群岛人、韩国人发生摩擦的方法；经济学家们则要不断研究产量和价格的走向，以帮助政府决定调控价格的手段和采取必要的税收政策。

这些研究的成果和建议提升了社会科学的地位。政府管理者以及资方和劳方越来越频繁地向社会科学家们寻求建议。这种趋势在战后尤为明显。原子弹的爆炸让我们认识到，把物理科学中的发现整合到社会体系内并非我们能力所及，尽管要求和平是大多数人的意愿，但第三次世界大战爆发的可能性使人们质问：这些组成了社会的千万个体能在何种程度上控制重大社会事件的发生？我们所面临的国内问题要求通过集体行动而非自由竞争来解决，住房和劳动关系仅是两个较为明显的例子。此处需要重申的是，现在，社会科学能够而且应该做出贡献的观点已被普遍接受。

这些伟大的预期增加了社会科学家的责任。如果他们的工作能够带来有用的和可利用的知识，他们必须关注重要的中心领域。同时，他们也必须通过经验事实的方法来处理他们的问题。

这些要求意味着必须考虑三个一般性的研究问题。第一个问题是关于理论和事实的整合。事实材料和理论公式间的恰当的整合是任何科学存在与发展的基础。没有人能够利用一堆无关的事实；反之，如果这些理论不能在具体情况中得到系统的检验，也就没有社会行为能够建立在关于社会"本质"的一般性推测上。

第二个问题是，就像经验研究和社会理论必须整合一样，实际的研究结果也必须彼此相关。直至近期，社会科学在指导这样那样的调查和实验时仍表现出了不足的倾向，并将持续下去。例如，博士生并不以他们重复研究那些已经被研究过的内容而自豪。实际上，相反的倾向应当占优势，研究结果应当在相同或万变的情况下得到检验与再检验。社会生活的复杂性要求：相同的问题应当经过数次研究，才能从瞬息万变的社会现实中区分出其基本的共性。

第三个问题就是研究者需要对即将研究的问题做认真的描述。在社会学的早期历史中，关于人类历史的理解有很多夸张的论断，甚至20世纪初，当社会科学家们变得更为审慎之时，仍有这种感觉存在，即"战争的起因"以及"预防犯罪的方法"能够很快并很容易地被发现，解决这种巨大而复杂问题的努力很快遭到了反对。反对者声称，起因和改变不应成为调查对象。社会现象仅应被描述，这种立场导向了一种静态的、类似普查型研究的偏好，这种研究在进行"调查"却不能得出能够转变成社会行为的结果。

走出两难困境的办法依赖于折中的手段，而且效果也许仅仅是暂时的。一项严格而有限的动态研究——它持续几个月或者至多几年关注社会事件及其发展——现今能够得到更充分的保证。对政治竞选、危机情况、新社群发展以及不同种族群体在第一次密切接触时的反应所进行的系统分析，更像是在"制造"社会科学在未来的发展中将依赖的各种信息。

在哥伦比亚大学出版社发行的《人民的选择》第二版的序言中，我们将详细阐述以上三点。我们希望由此能完成两件事。首先，我们希望明确当代社会研究的主要趋势。但我们也相信，如果读者将这些一般性的发展印于脑海中，他将发现现在的研究更有价值。

我们对这些要点的讨论所将涉及的数据和观察资料，并没有包括在初期报告中，而是在更多的近期研究中所收集的。

让我们把这些要点的顺序颠倒，首先需要思考一种能够研究社会变迁的社会研究类型，这些社会变迁包括其起源、本质和延续的状况。

动态社会研究

公众舆论研究现在经常被误解。从在报纸和杂志上发表的民意调查结果来看，外行人甚至是其他社会科学领域的同行们，都会有这样一种印象，即这种研究满足于描述人们在某个特定时期对一个既定的问题是如何认知的。事实上，这项新学科的范围要更加广阔。社会科学家想知道公众舆论的各种要素影响立法和政府的其他决策的过程。更进一步说，我们非常想发现态度本身是通过何种方式而形成的。《人民的选择》便是关注后者——公众舆论的形成、改变和发展。

1940年5月到11月，一些社会科学家一直驻留在俄亥俄州的伊利县，为的是观察总统选举在社区的进展以及对社区的影响。虽然做了大量访问，但研究集中于600名受访者的固定样本组，这些受访者在7个月内每月都要接受访问。

固定样本组的受访者被分成两组：在研究期间一直没有改变政治观点的为一组，无论以何种方式改变观点的为另一组。在这些人之中，有的改变了对政党的拥护，有的一直到竞选结束也没做出选择，还有一些人信誓旦旦声明自己有明确的投票意图，但却连投票选举也没参加。如此多样的态度转变者和转向者是研究者最感兴趣之处，通过他们可以观察到选民的投票态度的形成和改变过程。研究者把他们和那些政治观点"稳定"的人进行比较，他们的人格特点、与他人间的联系以及他们对收音机和报纸信息的接触等都将被仔细地检验。他们给出的转变理由和他们的社会经济地位紧密相关。他们的观点同上一次接受访问乃至下一次的访问都有强烈反差。换言之,我们不是描述意见本身,而是描述意见如何形成。

现在我们分析这个动态过程中的一个阶段,以发现一些必要要素。固定样本组在 10 月接受了第六次访问,并在大选结束后即刻接受了第七次也是最后一次访问。从而我们可以知道人们在竞选前的投票意向以及他们的最终选择。结果如表 1 所示:

表 1　　　受访者 10 月的投票意向及实际投票行为的分布

实际选票	10 月投票意向				
	共和党	民主党	不知道	不打算投票	总人数
共和党选民	215	7	4	6	232
民主党选民	4	144	12	0	160
未投票者	10	16	6	59	91
总人数	229	167	22	65	483

这个简单的图表包含许多让人意想不到的信息,让我们假定在 10 月和 11 月间接受访问的人大多不重复——事实上也如此。那么可以得出一些发现:在 10 月,有 42%(396 人中的 167 人)的选民支持民主党;在 11 月,比率为 41%(392 人中的 160 人),使人感到选民的政治态度非常稳定。事实上,仅处于图表主要对角线的选民没有改变投票意图:483 名受访者中有 418 位都做出了和之前意图一致的选择;而 13% 的人则改变了态度。

这 13% 的态度改变者代表了在选举前几星期发生的转变。因此,态度转变成为我们分析受访者的意见形成的基础。如果这种转变很大,那便意味着受访者的意见或者说行为是不稳定的。如果人们的感觉不确定,那么我们的宣传很可能奏效,或者他们需要被澄清或说服。

如果研究者在未来会更多地采用这种动态研究,参照下述方面就可能对很多社会事件进行归类:何种类型的事件在发展过程中表现出或大或小的转变? 在事件的发展过程中,这种转变的倾向是否变小? 转变达到最小继而又上升的临界点在哪里? 在何种情况下我们可以平衡这种转变,使向不同方向发生的转变可能彼此抵消?"边缘分布"

(marginal distribution)① 发生变化的转变何时发生？

对于不同的社会事件来说，这仅能给出粗略的答案。我们可以更加精确。态度的转变来自于选民的投票意图、对获胜者的预期和个人行为的改变。基于这种联系，以下三个问题则更广泛：

(1) 什么样的人容易转变？
(2) 由于哪些影响而发生转变？
(3) 朝着哪一方向转变？

第一个问题可以有很多答案。我们在这儿主要集中于"逐渐明朗者"(crystallizers)，这些人在10月时还没有明确的投票意图，但在11月都参加了选举。在他们没有决定以前，我们就可以推测出他们将怎么做：他们会跟从那些与自己的社会特性相似而又在竞选初期就做出投票决定的选民。例如，当代美国政治中一个很熟悉的事实在这个研究中得到了证实，即城镇选民比乡村选民更倾向于投民主党，天主教徒比新教徒更倾向于投民主党。由此，我们可以推测，那些"不知道"向谁投票的城镇选民和天主教选民会支持民主党，通过大量的案例，尤其是选举后的访谈，我们将表明这种推测是正确的。

有时，这种"外部关联"会令人失望。而通过对转变的分析，我们可以观察到"内部情况"，能够找出大量与社会形势和个人决定相关的心理中介。例如，在访谈中，我们问受访者，在他看来谁能够赢得大选，即便是那些尚未做出决定的人也有明确的期望。更重要的是，这些期望并非出于偶然，而是被他们所处的社会环境所决定的。进一步研究显示，期望预示了最后的决定：人们为自己在先前选定的胜利者投票。因此，预期成为解释投票决定形成的"中间"变量（将在第十二章详细论述）。

对于态度和行为转变的具体影响因素，表1暗示了这些问题的答案。让我们再次关注10月时声称不打算投票的一组，这组中的大多数

---

① 边缘分布是概率论中的一个概念。某一组概率的加和，叫边缘概率。边缘概率的分布情况，就叫边缘分布。这和"边缘"两个字本身没太大关系，因为是求和，在表格中往往将这种值放在margin（表头）的位置，所以叫边缘分布。——译者注

人都言行一致：65人中有59人都没有在11月参与投票。但剩余6名从不打算投票到参与投票的转变者，都把票投给了共和党候选人，导致这种转变的影响不难发现。伊利县的现场工作人员察觉到，至少在这次竞选中，共和党机构要比民主党更活跃并且更有效率。的确，当这6名转变者被问及促使其转而参加选举的原因时，他们都表示是由于共和党的工作人员在最后一刻拜访了他们并劝说他们投票。

因此，研究不同组的受访者有益于考察其态度改变，我们可以分析何种影响会导致行为的变化，这本身又为我们提供了广阔的研究领域。我们可以记录下人们所读所听的信息，我们能够从两个方面把受访者的信息接触与观念转变联系起来。在我们进行的一次对所有的转变者的特殊的访问中，一些态度转变者说，他们意识到自己已经受到所读或所听经历的影响。在其他案例中，研究这些潜在的影响需要更复杂的统计分析。这些方法将在新的出版物中详细阐明。①

现今的研究表明，面对面的接触是刺激意见发生改变的最重要的影响因素，对于在政治机构工作的人来讲，这并不奇怪，但是对社会科学家来说便成为一项挑战。发现态度或行为模式受到个人影响的特殊条件，将对转变受访者意见最有效的个人影响进行分类，考察大众传媒对转变产生更多正式影响的环境，这些都是被我们称为动态社会研究的典型问题。

然而，谁使谁发生转变并产生了怎样的影响，并不是我们想要知道的全部内容，我们还想了解受访者转变的方向：会不会导致意见的随机再分配，或者有某种可识别的模式？对此，目前对于态度转变的分析研究提供了初步但显著的答案。对于社区中的特定子群来说，态度转变导致了高度的一致性和同质化：个体的转变会在特定子群内彼此达成共识。然而，当把社区看作整体时，态度改变却带来了多样性和对立化的结果：个体转变使特定子群成员和其他子群成员产生了分歧。在序言的后面部分，我们要详细地思考这一过程。在这里要强调的一点是，通过在目前研究中所使用的动态研究，例如组群分裂的发展或者阶层利益意

---

① Hans Zeisel, *Say It with Figures*, New York, Harper and Bros., 1947, Chapter X.

识增强的问题,都可以经得起社会研究的检验。

社会研究应具有连续性

我们经常被告诫,一项特定研究的结果仅适用于开展研究的那个时代和那个地区,这是否意味着一项研究成果和另一项永远不会重复?我们是否该期待能够得到不同的研究结果,哪怕是在相似的情况下?这些问题都提示我们要仔细审视"重复"以及"确凿证据"这类措辞。事实上,当从事相似的研究时,比较分析能够发挥三种积极功能:

(1) 比较可以指出两种研究发现是相同的。我们称之为"确证功能"。

(2) 比较可以指出,尽管两项研究的统计结果有所不同,但如果考虑到获得结果的特定条件,我们会得出同样的一般性结论。我们称之为"说明功能"。

(3) 第一次研究中的反面结论可以通过第二次研究中的新结果进行澄清。我们称之为"澄清功能"。

当前的研究[①]恰好可以和一个相似研究进行比较,我们在本书描述的固定样本研究之后四年的1944年大选期间,开展了相对简单的第二次固定样本研究。当时,应用社会研究所(The Bureau of Applied Social Research)与全国舆论研究中心(National Opinion Research Center)合作,分别在竞选前和竞选后在丹佛大学对全国范围内的有代表性的约2 000人进行了两次访问。这两项研究的比较得出了什么结论?我们将选择几个事例来说明比较分析的功能。

首先是确证结论。在伊利县调查中,有54名政党转向者,他们从对一个政党的拥护转向对另一个政党的拥护。这里再次提起态度转变的方向问题。那么,这些政党转向是让转向者和其所属的子群的其他成员保持高度一致,还是在其他方向上发生了转变?

我们利用曾经提到的一个事实来回答上述问题,那就是:穷人、城镇居民和天主教徒更倾向于把选票投给民主党,相反,富人、乡村居民

---

① 指1940年伊利县研究。——译者注

和新教徒更经常支持共和党阵营。依据这三种社会特征以及在不同社会群体中显示的成员关系,我们可以建构一个"政治既有倾向指数"(index of political predisposition)。这个指数反过来可以让我们对所有个体的社会背景进行分类,从而推测其将向共和党还是民主党投票(在第三章中将详细讨论该指数及其产生的各种分析)。因此,可以区别两类选民:一类是他们的投票意图和其社会背景相一致,另一类的投票意图则有悖于所属子群。

通过研究54名政党转向者可以发现,在他们不再对原来的政党忠诚以前,有36人表达了其投票意图和自身所处的社会环境不一致,但在转向之后,表示不一致的仅仅有20人。因此我们可以得出结论,政党转向在子群内走向了高度一致性和同质化。

因为1944年的研究仅仅覆盖了竞选前的最后几周,政党转变者比较少,转向的更少。而且,政治既有倾向指数可以应用到某一县的居民中,但在全国范围的样本中却不太有效。尽管受到了这些限制,第二次研究的结果更加确证了第一次研究的结果。1944年,在转向之前,有22人表达了其投票意图与其所处社会环境的主流意见氛围相悖;在转向之后,则仅有14人如此表示。

对相似研究间的对比可以增强我们对研究成果的信心,否则,仅通过一项研究所得出的结论易令人产生怀疑。如果没有这种确定性,基于一项研究中的54个案例和另一项研究中的36个案例所得出的结论很难有说服力,我们会质疑其有效性。而有了这种连续性研究的确证,我们更倾向于接受这种结论。

其次,比较分析也可以通过支持在不同的具体条件下得出的统计结果不同,来证实一般性的结论。为了例证"说明"功能,我们要重提一组已经思考过的转变者:那些在选举前的访问中声称不准备参加但最后又参加了投票的人。在伊利县研究中,这部分人都把选票投给了共和党,但在1944年的研究中,这些转变者中的大部分都投票给了民主党。乍看起来,这是完全相反的两个发现,但实际上呢?在1940年,伊利县的共和党机构非常强大;但1944年,政治行动委员会(Political Action Committee)① 在全国非常活跃。而且该机构集中地把低收入人群拉进竞选队伍，这一做法基于以下假设：如果这些人都参与投票，他们都将支持民主党。1944年的研究数字表明这种假设是正确的。在原本不打算投票的20人（大部分来自低收入群体）中，有3人投给了共和党，而有17人投给了民主党。

因此，在不同的历史或社会条件下对研究进行比较分析，就像结果的实际复本一样，能带来对研究结果大致相同的确认。在共和党机构占上风的选举中，选民在选举的最后一刻做出的决定，与民主党在选举中活跃的类似选民做出的决定相比较，可以得出一个普遍性的结论：直至最后，竭尽全力把那些摇摆不定者拉进选举的政党机构成为对本政党的强大支持。

最后，对类似研究的比较也能够澄清研究结果，1940年的研究表明，政党转向者中的大部分都是对选举漠不关心的选民，这个结论出乎意料，因为政治专家经常声称，在选战期间，更聪明、更关心此事的选民会把选票从一个候选人投向另一个候选人，因为他更了解候选人的政纲，能够更好地评价他们应付国外和国内事务的能力。但由于政党转向者和对选举漠不关心者之间的关系未曾被预想到，所以1940年的研究计划并没有为考察这种关系而作好充分准备。

1944年的研究修正了这一点。在大选前，所有表现出投票意图的受访者都被问到两个问题：他们是不是十分关注其所认定的候选人是否会获胜？他们是否认为两个候选人之间有很多重要区别？分析受访者给出的答案显示，事实上，政党转向者（最开始打算选某位候选人而在选举时反而把票投给另一方）中的大部分不如"稳定"的选民（从始至终选择一个候选人）关注选举：与21%的忠实选民相比，转向者中的38%认为谁赢得竞选没什么区别；与46%的忠实选民相比，转向者中

---

① 政治行动委员会是美国的一种由工会、工商界、贸易组织或独立的政治团体组织的，为竞选各级公职的候选人筹集政治资金的非政党的基金管理机构。简单地说，也就是一种为政治活动集资的机构，它们从个人手中收集金钱，然后决定为哪些候选人的竞选捐款。——译者注

的65％也认为在候选人之间不存在明显差别。我们应该认识到，这些人表示漠不关心不是出于对政党转向的事后合理化，事实上这种"漠不关心"在转向以前就已经存在了。

因此，我们可以澄清早期研究的结果。转变政治观点的人并不十分关注选举或选举结果。他们的漠不关心使得自己很难做出一个持久的决定，因为他们很容易被偶然的影响所动摇。昨天的一段劝诱性的广播谈话已经劝服他们向另一政党投票，今天和朋友的一次谈话又使他们转向另一个候选人。事实上，一些漠不关心的选民到投票之时也没做出明确的决定，这绝非不可能。

我们仅能比较在不同时间点上的两项研究，但比较分析仍富有成效。它增加了我们对个别研究结果的信心，确定了一些更具一般性的解释。社会科学家未能在稳定的和变化的条件下重复同一种研究，已经错过了增加基础知识储备的大好机会。固定样本研究非常适合这种重复：其逻辑清楚，很容易分离不同情况的可比较方面并进行对比。

迄今，我们的讨论已经指出了研究方法和计划，通过它们，我们就能获得与社会学相关的并且在科学上精确的数据。但社会研究不能止于搜集这些信息。下一步需要做的是在理论语境内对数据进行系统的整合。只有到那时，我们才能期望数据一方面被应用到具体的社会形势中，另一方面将指出未来研究工作前进的方向。

在《人民的选择》第一版中，我们试图指出具体的研究成果更为宽泛的意义。对起初研究中产生的特定问题的进一步研究如今还在进行，但是更多的工作有待要做。因此，更为明确地发展从事研究所需要的理论框架以及研究结果的理论意义，应当是有好处的。

经验数据和社会过程

伊利县研究得出了大量关于选民的态度或行为短期转变的概括性结论，但没有形成连贯的体系。正是这些概括性的结论形成了在我们所观察到的事实和仍待发展的更具系统化的体系间的一道桥梁。它们是关于社会过程的表述，因此，当它们与经验性事实的表述相对照时，是一种高度概括；而当它们与社会研究所要达成的理论表述相对照时，其概括性不强。

我们得出的所有关于社会过程（态度的转变从中发生）的结论之间具有紧密相关性，但为了现今研究的目的，应将它们独立出来，分别做充分讨论。

（1）首先关注选民态度的稳定性。我们的研究对象往往给他们已经认定的候选人——确切地说是他们的家庭所认定的候选人——投票。整整77%的固定样本组成员说，他们的父母、祖父母一直给某个主要政党投票，结果，他们在1940年大选中就继承了这种家庭传统。通过对关键性态度的保护，这种稳定性成为可能。尽管两方政党对预期投票者进行了铺天盖地的宣传和反宣传，而他们却未必接触得到。并且，当我们检测他们到底接触了怎样的宣传时，发现他们倾向于接触那些自己所赞同的宣传而回避那些他们所反对的。

（2）这种稳定性不能用描述人本质的"固执"、"惰性"来解释。不论这种基本态度的保持是基于什么社会或心理功能，它都表现出个人在其群体成员关系中的极高满意度。通过原封不动地保持这种态度，他们可以避免或者减少同他们所处的社会环境中持有该态度的成员间的冲突和分歧。态度稳定有助于保持个人的安全感。

（3）群体互动的过程增强了这些个体的倾向。当个体为保证安全感而回避威胁到自身态度的宣传时，他发现，这些态度强化了他与群体中其他成员间的联系。由于他们共同的群体成员关系，他们会分享相似的态度并表现出相似的选择倾向。但这并不意味着所有的群体成员都接触完全相同的宣传，或者他们受到完全相同的共同经历的影响。每个个体都有他自己的信息储备和经验履历，尽管它们都是根据共同的标准被选择和评判的。

在互动的过程中，每个个体都公开一些私人的信息来支持共同态度。因此，所有个体受选择性影响的范围更广。互动增强了个体独立性，并为支撑个体的地位提供了更多论据。群体成员间这种互动的最终结果就是强化了共同态度，而且是互相强化。

（4）然而在一些情况下，选民态度确实会发生转变，因此，确定态度失去稳定性的条件以及态度转变的过程非常重要。

一个转变的过程依赖于对以前的经验和观念的激活。每个个体脑海里还存有其想法的最初来源和快要被遗忘的经验，这些想法和经验在某种意义上是"隐退"的，经常是因为它们不符合个体所在的群体的主流传统或兴趣。然而，在特定的环境下，在危机期间或集中宣传阶段，这些想法和经验就会被置于显要地位。继而它们能够使得态度重构，也可能在某些情况下引起群体从属关系的转变。

(5) 在多重压力（cross-pressures）下，个体既有倾向的转变更为典型。在复杂的社会中，人们并不属于单一群体，他们从属于各种各样的主要的社会群体：社会阶层、种族群体、宗教群体，以及他们所参加的非正式团体。多样的关联可能会给个体带去各种相冲突的观念。例如，一位上层社会的天主教徒会发现，他的宗教关联将他拉向一个方向，而他的阶级地位又把他拉向相反的方向。当面对具体问题，例如选举，他被要求做出明确决定时，他也就必须决定他更忠实于哪一群体。

社会研究的一项主要任务就是解决这些多重压力。下述问题与此紧密相关：在所属的哪些群体中，个人会经历那些相冲突的观念？发生冲突时，有没有一般性的规律来支持哪种主张？读者可能发现，尽管不能依靠单一的调查从如此复杂的论题中得出可靠的概括性的结论，但目前研究的许多具体的成果都与此有关。伊利县研究中所形成的方法应该说为解决这一问题提供了途径。在多重压力下，个体会表现出怎样的行为？我们在目前的研究中发现，与伊利县的另外一部分人口相比，受到多重压力的个体在做出明确决定之前所花的时间更长。但这种延迟并不是唯一可能的反应，其他替代性的反应也可能出现，从个体的神经症性反应——诸如根本无法做决定——到可能带来新的社会运动的理智的解决，个体态度和社会环境关系的问题令人困惑。也许只有当全面、适当地研究多重压力及其反应之后，这一问题才能得到解决。

(6) 但当谈及个体及其所处的环境时，我们把问题过分简单化了，因为环境中还包含着其他个体。他们的态度如何发展？或者，稍微改变一下说法，群体通过什么机制和过程形成了共同态度？

这个问题又引领我们走向几个方向。首先是研究意见领袖。在每个社会群体中都有一些特别活跃和善于言辞的个体。他们对群体利益比其他人更为敏感，更乐意在重要问题上发表自己的观点。找到这些个体相对容易，因此，应研究他们和群体中的大多数有怎样的不同。

在目前的研究中，我们发现，意见领袖有充当大众传媒和群体中的其他人的中介的功能。一般假定，人们基本上直接通过报纸、收音机和其他媒体获取信息，我们的研究结果并不支持这一观点。大多数人通过与其所属群体中的意见领袖的人际交往获取更多的信息和观点。反过来说，后者要比其他人相对更多地接触大众媒介。信息的两级传播流在任何宣传研究中都有明确的实践意义。

顺便提一下，意见领袖并不是新概念。在很多关于"权力"、"影响"和"领导权"的研究中，我们都被提醒，在每一个社区中能找出一些重要的创先例的人，并且这些人被他人模仿。我们的调查表明，这个熟悉的概念需要被更正，因为我们发现，意见领袖不仅在纵向的从上到下的层面起作用，也包括在横向层面上起作用：各行各业都存在着意见领袖。

（7）然而，意见领袖仅是群体态度形成的机制之一。我们可以将另外一个机制称为意见的"浮现"或者"明朗"。以政治选举为例，社会情况常常需要行动或者意见的参与。哪怕群体成员中没有特别善于言辞的人可以依靠以寻求建议，他们也应满足这种需求。因为，群体成员间的互动能够超过意见领袖的力量，使每个个体的不明晰的态度得以强化。随着这些互动的发生，一个新的清楚的关于意见和态度的分布逐渐明朗化。

从本质上说，意见浮现的过程只是上述（3）讨论的强化过程的一方面。当态度事先存在时，互动会使之强化。当态度事先不存在、仅有模糊的感觉时，互动会使这些感觉明朗化，变为明确的意见。

我们经常只在恐慌的情况下或试图理解"暴徒行为"的时候，才研究这种态度和行为的浮现或者用于理解"暴徒行为"。这个过程在很多其他情况下都会浮现，但并非一定导致骚动和暴力。社区内铺天盖地的宣传，重大事件的发生或者群体即将做出某一决定，都会促使这一过程发生。因其具有普遍性，研究态度是在何种情况下，以何种方式出现的就非常重要。

注意到这一点非常有趣：以这种方式构思提出的关于意见构成的问题，类似于经济学家探求了多年的问题。例如，他们经常把物价水平的稳定看作是由人们的供需互动所引起的反应。这在逻辑上类似于把意见在群体内的散布看作是很多个体互动的结果。在任何一个例子中，都不能通过独立个体先前的行为和意见解释其最终结果。在两个例子中，其最终结果是因个体互动而形成，这些互动被看作是它们在之前从未存有的副产品。

（8）意见改变还有另外一个因素。意见似乎是在一个稳定程度不同的层级中被组织起来的，在竞选过程中，比较灵活多变的人适应更稳定的层级。每一方政党都拥有一系列试图让选民留下印象的信条。在竞选初期，有相当多的人站在共和党的立场去回答一些问题，而对另外一些问题又站在民主党的立场去回答。但随着选战的进行，意见结构产生了一个趋势，那就是，越来越多的人变得越来越同质化。在研究这些转变时，我们可以根据其灵活程度的不同，把论题分为不同的等级。选民的投票意图是最稳定的，他们对于更多的特定论题的态度趋向于和政党的立场保持一致，反过来，选民对所有这些论题的态度，有些是受到另一些的影响而被迫转变的。例如，在1940年大选中，选民对候选人个性的意见相对更稳定，而他们对具体问题的意见，如政府在经济事务中扮演什么样的角色，可能会因人而异。

这些仅是意见形成和转变的一些过程。我们应该回答之前所提出的问题，那就是选民的态度是否在朝明确的方向转变。因为，无论转变是源于多重压力，还是源于意见领袖、外部事件或者个体互动的影响，群体和个人转变的一致性都大大增加。随着这些过程塑造和修正意见，群体成员发现自己和其他人之间有密切共识，因此，群体内越来越趋于同质，群体间越来越趋于对立，这二者是同时发生的，我们在前面对此已描述过。与此相关的是，随着个体越来越适合于其所处的社会环境，随着他消解了多重压力，发现自己模糊的感觉已明朗化为明确的意见，他个人态度中的许多不一致也就会消失。

最后，虽然这些概括性结论完善了目前研究的结果，但重要的是要意识到它们只是初步的和探索性的。对其他具体情况的调查可能会得出新的概括性结论，也可能会需要修正这里已经概括的观点。人们必须要记住一项具体研究和概括性结论之间的关系。它们概括了研究者迄今收集的信息，但却不仅仅是概述，它们也是新研究的向导，因为只要记着它们，我们从一开始就会知道我们将要寻找什么。但这些概括性结论总是一般性的，必须把它们所暗含的概念变成适应具体情况的特定指标。只有通过新的研究以及数据和概括性结论之间时常的互动，我们才能取得系统性的进步。

未来研究之路

有四个主要问题有待以后的调查澄清。

首先，我们应该在不同的政治条件下重复现在的研究。当选举围绕重大问题展开时，做出投票决定是否经过不同的过程？在近几次总统选战中，诸如已经研究的1940年大选和1944年大选，很少出现主要政党之间的分裂问题，因而政党传统和政党核心集团成为影响选民投票决定的主要因素，但越来越多的证据表明，共和党和民主党在诸如劳工立法等基本问题上存在着尖锐的冲突。未来的总统大选可以给研究者提供机会，以研究选民对具体问题的态度是如何明朗的，以及这些态度与投票传统和群体影响之间是怎样的关系。

大量相同的信息可以通过在地方选举中进行相同的研究而得到。我们知道，在大多数地方选举中，选民关注的是地方问题，对选举感兴趣的群体的暂时联合打破了政党间的界限。在这种情况下，政党活动变少了。在个体没有做出投票决定前，他必须在具体问题和政策上拿定主意，因此有可能接受来自不同方面的劝说，这种投票决定的形成过程可能不同于其在近几次的总统竞选中的形式过程。

其次，我们应更多地研究改变态度的选民的人格特点和社会背景。这要求我们要对"转变者"和"稳定者"进行细致考察。在伊利县调查中，我们对态度改变者做了专门访问，但由于资金不足，无法做到像我们期待的或有必要的深入研究。

再次，要关注从固定样本分析中发现的影响因素与社区中的总体影响与选民做决定之间的关系。我们只有在考虑到社区的一般背景的时候，通常才能够理解固定样本研究的结果。目前研究的局限性在于，我们没有更加细致地研究整个社区。直至访问结束，我们从受访者身上了解到地方共和党机构在意见形成过程中的影响有多重要。然而，到那时，想要充分地研究政治情况已经不再可行。

一个相似的缺点是，我们并没有更加透彻地研究意见领袖。当固定样本组的受访者提到他们从其他人那里获取信息和建议时，我们就把这个事实记录了下来，从而确定了意见领袖的个人影响的整个发生过程。但我们并没有试图去访问意见领袖本人。

在后来的研究中，我们对该问题有所注意，这项研究随即得出结果。这次研究是在伊利诺伊州的一个社区中进行的，仍然围绕固定样本组的受访者。所不同的是，这次我们对意见领袖格外关注：固定样本组的成员提供了自己是受哪些人的影响后，被问及了一系列特殊的问题，以确定他们的信息和意见的来源。通过这种方法，我们能够获得社区中影响流蔓延的更清晰的图景。我们不能仅仅以个别的固定样本组成员的观点来看待它，而要能够沿着一系列纵向和横向的链条去追踪它。

最后，是迎接由方法的性质带来的挑战。我们至今也没有完全弄清固定样本方法的价值和局限性。一个固定样本组能够持续多长时间？在哪些论题上重复访问能够可靠地使用这种方法，而又在哪些论题上重复访问会给在后期访问中收集到的信息带来偏见？如果我们分析固定样本研究的结果，根据时间序列（time-series）分析家发展的复杂数学方法，我们会获得进一步的理解吗？当前对态度形成的实验室实验和我们使用的重复访问的现场研究有怎样的关联？

幸运的是，我们有机会研究其中一些问题。舆论、态度与消费者需求测量委员会（Committee on Measurement of Opinion, Attitudes and Consumer Wants）为研究固定样本方法的理论及应用得到了洛克菲勒基金会（Rockefeller Foundation）的资助。该委员会是由全国研究理事会（National Research Council）和社会科学研究理事会（Social Science Research Council）共同设立的。

在伊利县研究初期，我们就清楚，重复访问的方法绝不限于政治宣传研究。它是一般性的研究方法，可用于任何一项对一段时期内的态度形成的研究。例如，如果我们想纠正人们的种族态度，或者改变消费者的需求，或者是促进国与国的相互理解，我们不仅仅要描述这些态度，还必须研究这种态度是如何形成的以及它们是怎样受到影响的。这就是在研究中列举的动态社会研究要解决的所有问题。

致　谢

　　这项研究之所以在经济上可能进行，主要得益于洛克菲勒基金会的资助，以及哥伦比亚大学广播研究室咨询部（the Consulting Division of Columbia University's Office of Radio Research）的收入，同时也得到了《生活》（*Life*）杂志和埃尔莫·罗珀（Elmo Roper）的特别资助。

　　罗珀先生是该项目的共同发起人，他和他的同事对研究的策划和执行给予了极大的帮助。卡罗琳·克鲁修斯（Carolyn Crucius）女士配合我们制作问卷和培训现场工作人员。罗伯特·威廉斯（Robert Williams）和罗伯特·普拉特（Robert Pratt）等几位先生负责制作样本。埃尔莫·威尔逊（Elmo Wilson）在桑达斯基（Sandusky）居住了6个月并负责现场的所有工作，他足智多谋，解决了研究中的无数技术难题，也为研究贡献了许多观点，这预示着他将在以后的政府舆论研究中扮演重要角色。

　　海伦·施奈德（Helen Schneider）小姐负责统计分析，她不厌其烦地指导我们整理材料，为每个受访者准备7张霍利里思（Hollerith）穿孔卡片。

　　现在的报告只收录了一项浩大研究分析中的精华部分，该分析有数千个表格和 1 000 多页的初步阐释。为了把它们变成现在的形式，我们得到了更多的帮助。

美国公共事务理事会执行秘书（the Executive Secretary of the American Council on Public Affairs）M. B. 施纳珀（M. B. Schnapper）先生对手稿进行了专家审阅，我们对他的合作表示谢意。

麦肯公司（McCann-Erickson）的汉斯·蔡斯（Hans Zeisel）博士负责监督图表的制作，安·赫德曼（Ann Hurdman）给予了他得力帮助。

哥伦比亚大学广播研究室现为该校应用社会研究所的一个部门，其中的每一个成员都曾经参与了这项研究。尤其是怀恩特（Wyant）小姐以及费伯（Farber）、福斯伯格（Fosberg）和亨宁（Henning）三位先生。我们还在很多方面与道格拉斯·韦普尔斯（Douglas Waples）教授合作，同时感谢杰西·麦克奈特（Jesse McKnight）先生、艾尔弗雷德·琼斯（Alfred Jones）先生和弗里茨·施赖尔（Fritz Schreir）先生以及迈克尔·厄尔德利（Michael Erdelyi）、罗伯特·默顿（Robert Merton）和古德温·沃森（Goodwin Watson）三位教授。

我们三名作者中的最年长者特别受惠于他在哥伦比亚大学社会学系的同事们。

保罗·F·拉扎斯菲尔德

伯纳德·贝雷尔森

黑兹尔·高德特

哥伦比亚大学应用社会研究所

1944 年夏

目 录

第一章 导 论 …………………………………………………… 1
　一种新的研究方法 …………………………………………… 2
　读者指南 ……………………………………………………… 6
第二章 1940 年的俄亥俄州伊利县 …………………………… 8
　该县的经济 …………………………………………………… 9
　该县与政治 …………………………………………………… 10
　研究设定 ……………………………………………………… 11
第三章 共和党人与民主党人的社会差异 …………………… 15
　社会—经济地位的作用 ……………………………………… 16
　宗教关联与年龄 ……………………………………………… 20
　政治既有倾向指数 …………………………………………… 23
第四章 共和党人与民主党人的意识形态差异 ……………… 25
　经济和社会态度 ……………………………………………… 25
　政治的"外向性" ……………………………………………… 28
　欧洲战事 ……………………………………………………… 32
　党派性与党争 ………………………………………………… 33
第五章 参与大选 ……………………………………………… 36
　谁对大选感兴趣 ……………………………………………… 38

对选战的最低程度的参与——不投票者 …………………… 40
　　　对选战的最高程度的参与——意见领袖 …………………… 43

第六章　做出最后决定的时段 ……………………………………… 46
　　　兴趣与做出决定的时段 ……………………………………… 47
　　　多重压力与做出决定的时段 ………………………………… 49
　　　多重压力的影响 ……………………………………………… 52
　　　兴趣与多重压力 ……………………………………………… 53

第七章　转变的类型 ………………………………………………… 56
　　　做出最后决定的时刻与转变者 ……………………………… 57
　　　兴趣、多重压力和转变者 …………………………………… 58
　　　转变者的个性特征 …………………………………………… 60
　　　转变者的易变性 ……………………………………………… 61
　　　对转变者的描述 ……………………………………………… 61

第八章　激活效果 …………………………………………………… 63
　　　激活过程 ……………………………………………………… 64
　　　激活的四个阶段 ……………………………………………… 65
　　　宣传唤起注意 ………………………………………………… 66
　　　兴趣提高引致接触增多 ……………………………………… 67
　　　注意是选择性的 ……………………………………………… 69
　　　选意确定 ……………………………………………………… 70
　　　关于激活的一些例子 ………………………………………… 72

第九章　强化效果 …………………………………………………… 74
　　　党派性、党派性接触与党派性的强化 ……………………… 75
　　　被强化者描述的强化 ………………………………………… 77

第十章　倒戈效果 …………………………………………………… 80
　　　倒戈效果举例——第三任期议题 …………………………… 82
　　　威尔基——穷人的斗士 ……………………………………… 83
　　　"怀疑者" …………………………………………………… 84

第十一章　选战的整体效果 …………………………………… 86
　　1936 年 11 月—1940 年 5 月与 1940 年 5 月—10 月比较 ……… 86
　　选战效果评估 ……………………………………………………… 87

第十二章　赢家预测 ………………………………………………… 89
　　预期的变化 ………………………………………………………… 90
　　"从众"效应 ……………………………………………………… 91

第十三章　选民被告知什么 ………………………………………… 94
　　党派性：在什么程度上支持谁 …………………………………… 95
　　主体：重心和论旨 ………………………………………………… 98
　　选战的中心：罗斯福 ……………………………………………… 100
　　选战的目标：历史、金钱和保障 ………………………………… 100
　　手段：少说为妙 …………………………………………………… 101
　　情感性术语：选战的标签 ………………………………………… 101

第十四章　广播与印刷媒介 ………………………………………… 103
　　接触的集中点 ……………………………………………………… 104
　　谁曾经阅听政治 …………………………………………………… 106
　　广播与报纸：何者更有影响？ …………………………………… 107
　　广播与报纸作为转变的缘由 ……………………………………… 109
　　两党各自的媒介 …………………………………………………… 110
　　杂志——专门化的传播媒介 ……………………………………… 113

第十五章　社会群体的政治同质性 ………………………………… 116
　　社会分层与政治同质性 …………………………………………… 117
　　家庭的政治结构 …………………………………………………… 119
　　正式社团的角色 …………………………………………………… 122
　　使意见一致 ………………………………………………………… 124
　　作为一种社会经验的投票决定 …………………………………… 125

第十六章　个人影响的性质 ………………………………………… 127
　　人际交往触及未做决定者 ………………………………………… 127
　　两级传播流 ………………………………………………………… 128

人际交往的无目的性 ………………………………………… 129
反击抵制时的灵活性 ………………………………………… 130
顺从的回报 …………………………………………………… 131
对亲密消息来源的信任 ……………………………………… 131
无信念的劝说 ………………………………………………… 133
实际意蕴 ……………………………………………………… 134

注释 ………………………………………………………………… 135
附录　指数的构造 ……………………………………………… 154
　　政治既有倾向指数（IPP）…………………………………… 154
　　政治活跃度指数 ……………………………………………… 155
　　意见广度指数 ………………………………………………… 156
　　围绕选战的杂志阅读指数 …………………………………… 157
　　围绕选战的报纸阅读指数 …………………………………… 157
　　围绕选战的广播收听指数 …………………………………… 157
　　对选战的总体或整体接触信息指数 ………………………… 157
　　政治接触偏向指数 …………………………………………… 158
　　认同某一方论点的指数 ……………………………………… 159

第一章 导 论

　　这是一份关于现代美国人政治行为的报告——具体来说主要是关于总统选举期间投票行为的形成。每隔四年，全国就会开展政治宣传和公众舆论方面的大规模的实验，实验的刺激因素由两党在选举自己的候选人时所做的每一件事构成。人们在整个过程中所做的就是表现出对刺激因素的反应，这些反应将在本文中被加以评价和分析。

　　我们对所有决定人们政治行为的因素感兴趣。简言之，我们的问题是：发现人们为什么以及怎样决定投票？在1940年大选中，影响他们的主要因素是什么？我们相信自己已经知道某些问题的答案，但绝不是全部。对一系列重要选举的类似研究，特别是对两次选举进行的互相比较，将证实这份报告的结论，并纠正其不足。总的来说，本研究将会澄清和完善现代民主中关于政治观点的决定因素的既有知识。

　　分析选举的方法有若干种。直至最近，官方选票记录是针对选举的唯一可用的材料。它们对研究人们的政治倾向及这种倾向的地理分布很有用。于是，以芝加哥大学为中心的一群政治学家提出了一种被称为选举的生态分析的方法。为了获取大量的背景（普查）资料，他们研究了一个城市或一个州的若干小组的选举记录，在某种程度上，他们能够排除宗教信仰、民族和显著的经济地位等因素对投票的影响。尽管他们面临着分析大量选民的困难——例如，并不是居住在爱尔兰人聚居区的每一个人都是爱尔兰人——但是，他们仍加深了我们对影响政治决定的主要因素的理解。

他们进行公共民意测验，通过将政治观点和个别选民的特点相联系，以及揭示选举之前的选民投票意图来拓展我们的知识。因此，他们在投票的某些决定因素上做了大量精细研究，在某种程度上，使研究政治选举的变化成为可能。

但正是在这一点上，他们仍然需要在未来更进一步。对不同的人所进行的连续的民意测验，无法调查出全部的效果。他们指出的大多数倾向实际上只是各种转变（个人的政治态度转变到未决定，或从未决定转变，或从一个党派转变到另一个党派）的残余结果。他们掩盖了相互抵消的次要转变，甚至是受到反面倾向抵制的主要转变。在大多数情况下，他们并没有指出谁在转变。他们无法跟踪个别选民在投票过程中的难以预测的行为，无法发现各种影响要素对选民最后投票的相对作用。

以前的研究从来没有追踪过一个人在政治选举中投票态度的变化，从全国代表大会前他对选举的态度，到对正式的猛烈宣传攻势的反应，再到选举日的实际投票。只有通过这样的调查，我们才能更精确地从既有倾向和刺激因素两个方面确立各种影响投票（及其他政治态度）的因素的作用。本项研究为寻求这些答案而设计，并把对固定样本方法的使用当成是意见研究的下一步：**即重复访问相同的人**。

一种新的研究方法

让我们简要了解该调查的技术设计，其概要如表1—1所示。

表 1—1　　　　　　　　　　　调查概况

时间表	5月	6月	7月	8月	9月	10月	11月
			共和党全国代表大会	民主党全国代表大会		选举日	
访问次数	1	2	3	4	5	6	7
访问组	总体民意测验 3 000人	固定样本组 600人	固定样本组 600人	固定样本组 600人	固定样本组 600人	固定样本组 600人	固定样本组 600人
			控制组A 600人	控制组B 600人		控制组C 600人	

该调查是在俄亥俄州的伊利县进行的，伊利县坐落在克利夫兰（Cleveland）和托莱多（Toledo）之间的伊利湖边。之所以选择这一地点，是由于其较小的规模允许对访员进行严密监督；是由于它相对来说不具有地区特色；是由于它不受任何较大的中心城市的支配，尽管它也提供过对农村和小型中心城市的政治观点进行对比的机会；是由于40年来——即在20世纪所进行的每届总统选举中——它很少偏离全国的选举倾向。由于美国生活的多样化，很难找出一座"典型的美国县区"，但伊利县可能像任何类似的小的地区一样成为美国北部和西部地区的典型代表。无论怎样，我们研究的是选举投票态度的**发展变化**而非它的分布。

1940年5月，伊利县每四户人家中就会有一户受到一名工作人员的访问，这些工作人员由12到15名经过专门培训的本地访员组成，主要为女性。通过这种方法，从中选出3 000人，以尽可能地代表整个县。这一民意测验组在年龄、性别、居住地、受教育程度、是否有电话和汽车以及出生地方面均具有代表性。

通过分层抽样，从测验组中选取4个600人的样本组。每个样本组和其他组都非常匹配，实际上成为整个测验组和伊利县本身的微缩样本。[1]在这4个600人的小组中，有3个都仅被重复访问一次——一组在7月，一组在8月，另一组在10月。它们被称为"控制组"以测试重复访问对固定样本组的影响。[2] 同时，它们在控制点上被问及重要的问题时提供了更大（1 200位受访者）的样本。第四组，即固定样本组，则在5月到11月之间每月受访一次。

为了与选举的自然进程相适应，访问被设置为以一个月为间隔。前两次访问分别在5月和6月，共和党全国代表大会召开之前——最初的民意测验和第一次对固定样本组成员的重复访问。第三次和第四次访问在7月和8月进行，分别在两党全国代表大会之间和之后。在两党全国代表大会和选举日之间增加了两次电话访问，其中第二次尽量安排在投票前夜。第七次和最后一次访问在11月进行，也就是选举结束后不久。

就这样，1940年5月到11月，本研究对600人的固定样本组进行了重复观察。从一次访问到下一次访问期间，无论一个人以何种方式改变了投票态度，本研究搜集的细节信息都可以表现出他为何改变。受访者也会被有规律地访问他们通过所有传播媒介接触宣传的情况——报纸、广播、人际交往等等。另外，重复的访问可以获得每位受访者的大量信息，包括其个人特点、处世哲学、政治历史、人格特性、与其他人的关系，以及对关于选举问题的看法。总之，本研究搜集了所有有利于我们了解一个人的政治偏好的形成过程的信息（见表1—1）。[3]

让我们以一个特殊个体为例说明固定样本方法，这个例子之所以典型，是因为这位选民比一般选民的态度转变得更频繁，我们故意选取了他，是为了显示怎样通过重复访问跟踪这些变化。

这个年轻人在5月还没有做出决定，但在11月选了罗斯福。然而，如果认为他在某一时刻很轻易地做出一以贯之的决定，那是不正确的。事实上，他投票的过程非常曲折，他是第一次参加投票，受过高中教育，其社会经济水平要稍高于平均值。最初，他支持共和党的提名人塔夫脱（Taft）①，因为他是俄亥俄州居民，但另一方面，选举民主党人的倾向使他摇摆不定，"因为我祖父忠于那个党派"。7月，当他为取悦祖父而声称选罗斯福（Roosevelt）时，这种倾向占了上风。8月，由于反

---

① 罗伯特·阿尔方索·塔夫脱（1889—1953），美国政界领袖。生于俄亥俄州，1939年起代表俄亥俄州任国会参议员。——译者注

对总统支持的征兵制度，他又倾向于威尔基——尽管他对这个人一无所知。这一刻，他的投票意图表现出对征兵制度的反对和罗斯福在这项政策上的压力。同时，他把对征兵制度的不满转化为对总统职位第三任期的反对。在接下去的几个月中，他又发生了改变：由于不完全了解威尔基，他无法坚持为其投票，他开始犹豫不决，甚至考虑是否要放弃选举。这种态度在大选前的几天一直持续着，他声称选举的结果对他来说没有什么不同。8月和9月，他一直坚信威尔基能够获胜，但后来又不确定了，这在一定程度上是因为一位观众在几天前观看新闻短片的时候污蔑了共和党候选人。但在选举日，他把票投给了罗斯福。因为他厌恶威尔基拉选票的行为，同时也被他所工作的铸造厂的同伴影响了。他投票态度的形成过程说明，在重复访问方法发展以前的数据均不可用。

总之，固定样本方法是解决重要问题的更为有效的方法。社会地位对选举有何影响？政党的全国代表大会和提名候选人对人们会产生怎样的影响？宣传在其中扮演什么样的角色？报纸和广播起什么作用？朋友和家庭有什么影响？哪里出现了这些问题，怎样出现？为什么人们做出决定的时间有早有晚？简言之，投票过程是怎样发展进行的？为什么人们会如此投票？通过推理和直接考察受访者，我们试图说明在1940年5月到11月间哪些影响决定了最终于1940年11月5日举行的选举。

在谈及研究发现之前，让我们简要概括一下固定样本方法的主要贡献：

（1）我们能够知道谁在其中是态度转变者，并且研究他们的特征。在第六章和第七章将介绍关于这种分析的典型事例。

（2）我们能够积累整个过程中一次又一次访问的信息。例如，我们可以根据人们更倾向于接受民主党宣传还是共和党宣传，或者根据他们在不同时期的回答加以区分。详见第五章、第十章和第十四章。

（3）当受访者在两次访问间改变了投票意图时，我们就可以在这个过程中捕捉到他的态度。我们显然不需要问一个一生都给共和党投票的人为什么现在支持共和党候选人。可如果一个选民上个月还打算选民主党，但这个月却打算选共和党，这种改变就需要我们判断宣传的有效性以及他所受到的其他影响。在第四章、第八章、第九章和第十章将会涉及这些信息。

（4）从统计学上来说，重复访问也允许我们追踪宣传的效果。例如，我们可以研究在上一次访问中尚未做出决定，而在下一次访问中却形成意见的人。看看他们在此期间都做了或经历了什么事情。通过数据调查，我们可以推论出是什么因素促使受访者做出决定。这类信息不同于从一般的公众舆论调查中得出的结论，后者仅能提供与同一时间点上的意见相关的数据，却无法告诉我们原因是什么，以及效果如何。但重复访问的方法则能形成一个连续时段，这大大有助于因果分析。分析的具体例子可见第八章、第十二章和第十五章。

读者指南

最后，对本书结构的简介可以作为阅读指导方向。下面一章描述了开展此项研究的地点，重新回顾了调查的那一段时间，以此结束导言。之后的三章，讨论了党派之间在社会背景和意识形态上的差别及选民参与选举的程度，并讨论了受访者基本稳定的特性。这最开始的几章阐明两个目的：就其本身而言，它们说明了研究结果的重要性，并且设置了其他待展开的研究的背景。

一旦我们确立了两大政党支持者的主要差别，我们就可以在第六章和第七章阐述转变者的特征——在选举期间以某种方式转变投票意图的人。这些人具有特殊的研究价值，因为他们是随着选举进行而决定如何投票的。首先，比较三组选民的特性：在选举开始前就已经决定如何投票的人，在两党全国代表大会召开期间做出决定的人和直到后期还没有做出决定的人。这样，我们可以理解不同类型的转变，即那些投票意图波动的人最后形成稳定投票决定的不同方式。

接下去的四章（从第八章到第十一章）分析选战对之前描述的各种

选民群体的影响。对三种主要影响因素的阐释都独立成章。第十一章对三者的重要性进行了比较。

这四章讨论了选战对选民群体整体的影响，最后几章分析几个具体的影响的作用。第十二章阐述了预期——推测获胜者的作用，"从众"效应等等。第十三章展现了受访者所能接触到报纸、杂志和广播节目的政治性内容的实质，第十四章分析了正式的传播媒介对人们的决定所产生的影响。第十五章讨论社会群体在使其成员间的政治态度达成最大共识上的作用。第十六章讨论人际交往与政治态度的一致性之间的关系。

简言之，整个研究涵盖了以下内容：选民的背景特点，对选举期间态度发生改变的人的分析，对整个选举的影响的阐述，以及对影响来源的讨论。

第二章　1940年的俄亥俄州伊利县

为了给整体研究做出阅读指导,我们先简要介绍事件的发生地和背景。

1940年的伊利县规模小但比较繁荣,是由美国本土人形成的关系融洽的群体,居民都从事工业和农业工作。前一章曾提到,它不是"典型的美国县区",但出于研究的目的,它也不需要是。我们感兴趣的并不是人们**如何**投票而是他们**为什么**那样去投票,我们不是为了预测选举的结果,而是想了解潜在意见的形成和政治行为下的特定过程。

伊利县是一个有着和缓的丘陵地貌的繁荣区,位于俄亥俄州北部中心地带,比邻伊利湖,坐落于一处发达港口,几乎是克利夫兰和托莱多的中点。该县拥有便利的公路、铁路、水路交通设施。

40年来,伊利县的人口相对稳定。到1940年,该县人口总数为43 000人。伊利县城的中心是桑达斯基,是该县唯一的城镇工业社区,人口接近25 000人。县内居民多为本地白人,有四分之一是19世纪中期在此定居的日耳曼人的后裔。人们多为工薪阶层,仅有少数上流阶层,比如商人、制造业者和专业人士。那里的家庭基本上都不十分富有，对本地区不起支配作用。也有低阶层家庭，但除了桑达斯基的少数黑人家庭以外，他们并不群居。城镇中没有几处会被认为是贫民窟的地方，在乡村也没有贫民窟。

伊利县的文化和社会生活可能不是中西部小镇和乡村地区的典型。人们过着以简单为乐的生活。随着大量的社会活动走进家庭，家庭成为主要的社会单位（也是重要的政治单位，我们将在后文阐述），桑达斯基以"教堂小镇"而闻名，礼拜就成为社会生活的核心，每个教堂都有为男性、女性及儿童设立的群体组织。牧师们很保守：他们宣扬福音，不过多参与公众或者政治事件。如普通的论坛和讨论群一样，行会和商业团体往往很活跃。学校由具有法人资格的进步的无党派人士管理。天主教会供养着几家教会学校，但公立学校的人数相当于其10倍。县内没有大学，但教育事业得到了广大人民的支持，教师在社区内备受尊重。整个县的教育水平在整个美国的平均水平以上。总的来说，伊利县人民没有强烈的"阶层意识"。

桑达斯基有三家地方报纸——相似大小的城镇都不会有这么多报纸——除此，人们还阅读《克利夫兰实话报》（*Cleveland Plain Dealer*）[①]和零散的其他的镇外报纸。在三家本地报纸中，一份强烈亲共和党，一份表面亲民主党实则中立，另一份适当地亲民主党。《克利夫兰实话报》打破了其亲民主党的传统，在1940年大选期间支持威尔基。克利夫兰和托莱多广播电台覆盖了主要的广播网，在伊利县有很高的收听率。

该县的经济

伊利县的经济是工业、农业混合型的。在桑达斯基之外几乎没有工业，县内其他地区都以农业为主。土地经过多年培育，农作物生长良

[①] 该报创刊于1842年，现在是俄亥俄州发行量最大的日报，在全美其发行量也排在前20名内。该报还出版《星期天杂志》，由于经济亏损，于2005年12月停刊。在俄亥俄州，它是获得版面设计奖最多的报纸。——译者注

好，收成有时高于俄亥俄州的平均水平。同国内整体相比，伊利县农业人口非常庞大，一些农业组织主要致力于研究农业问题，几乎不触及政治问题。

伊利县工业的特殊之处在于，它是由 60 个分散的机构所雇用的约 3 000 人从事的各种各样的制造业所组成的。在当时，当地最大的工厂是纸盒厂，其雇用的工人就有 900 人。桑达斯基还拥有北美五大湖航运的重要港口，以运输煤为主。

由于工业企业的多样化以及对农业的强烈依赖，伊利县并没有在经济萧条时期因受到周期波动影响而遭受巨大损失。商业事务的发展大体上是保守而谨慎的。大部分工厂和企业都归本地所有和经营，相对来说很少有外来投资加入。因为所有权明确，企业的一般形式就是紧密控制的、以家庭为单位的形式。尽管城镇中存在大量的小企业，但工业控制在 1940 年以前就形成了。关于吸引新工业到社区的合理性在商界存在着一些争议，反对派极其成功地阻止了企业的扩张，保持了一个有利于雇主的劳工状况。由于劳动力过剩，当地的工资水平偏低。地方工会领导人工作不出色、缺乏进步，更不思进取，地方组织在自己所属的州机构中也并不活跃。劳动力发挥不了重要作用，商业占支配地位的思想在地方劳工领袖们那里被普遍认同。只有桑达斯基存在劳工组织，社区内的企业基本上可以自由雇用劳工。工人没有形成政治团体，也没有组织或个人去拉他们的选票。总而言之，与其用"平静"来形容工人的形象，不如用"无动于衷"。

该县与政治

伊利县没有特殊的利益集团对政治施加重要影响。没有种族团体——黑人、日耳曼人或其他民族——形成一个有组织的投票单元。占少数的党派势力不强，在县内也没有青年运动（尽管有青年共和党人俱乐部）。候选人既无法拉退伍军人的选票也不能拉行会组织的选票,对于他们来说,可拉选票的对象太少,不足以产生一个有影响力的单元。

本研究在1940年大选中发现,共和党组织在全县内紧密联合;民主党组织则不团结,影响较小。对这种势态起作用的因素很多。首先,当地以及州内民主党人长期以来在阶层内部不和;其次,共和党人有更多的运转资金;最后,共和党人在野太久,以至于他们迫切需要组织起来。每个党派的机构都做了大量面对面的劝说工作,但组织工作更出色的共和党人取得了更明显的效果,他们在很大程度上依靠女性组织的力量。

研究设定

1940年11月5日,美国人民为了选出一位总统带领他们度过战争的艰苦岁月纷纷去投票。希特勒的闪电行动攻势正猛。他已经占领了奥地利、波兰和捷克斯洛伐克,而在美国总统选举开始前的一段时期,希特勒的军队已通过低地国家(Low Countries)[①],占领了法国。就在选举前不久,他的同盟国意大利又侵入希腊。美国为了换取大西洋上的海军和空军基地,用一些老式战舰同英国做交易。军队征兵也开始了。极权主义国家对公民权利的大规模压制凸显了一个国家在自由讨论中民主地选择领导人的局面。

1940年大选通过直接描述主要候选人的人格特点而引起人们的兴趣,选战双方均以独特的方式打破先例。一方是现任者要继续竞选第三任期,另一方的地位则得到暂时性的提升,成为其一生都反对的那一党派的候选人。

---

① 欧洲西北沿海地区,包括荷兰、比利时和卢森堡。地理学家们在有关欧洲的地理著作中,常把比利时和荷兰放在一起叙述。由于比利时和荷兰濒临北海和英吉利海峡,同卢森堡以及北部的部分地方共同被称为"尼德兰",即"低地",所以1830年比利时脱离荷兰独立后,人们仍称比利时和荷兰为"低地国家"。——译者注

在选战期间所发生的重大事件——包括地方、国内和国际上的——都在表2—1中显示出来。这有助于我们了解1940年大选的氛围。

表2—1　　　　　　　　1940年伊利县选战活动大事记

时间	地方事件	国内事件	国际事件
6月下半月	第二次访问固定样本组受访者	诺克斯（Knox）① 和史汀生（Stimson）② 被任命为内阁 美国共和党（GOP）③ 提交和平纲领 威尔基和麦克纳里（McNary）④ 获得总统提名	法国请求和平 法国签署希特勒协议 法国—意大利签署停战协议
7月上半月	第三次访问固定样本组 第二次访问控制组A	罗斯福在伊利湖边发表讲话 罗斯福称不会向海外派兵	丘吉尔（Churchill）⑤ 宣布法国舰队被俘或者被摧毁 赖伐尔（Laval）⑥ 宣布"合作"国成立
7月下半月		罗斯福和华莱士（Wallace）⑦ 在民主党全国代表大会上获得总统提名	在哈瓦那举行泛美大会

---

① 弗兰克·诺克斯（1874—1944），曾任报纸主编和发行人。1936年成为共和党副总统候选人，1940—1944年任第46任海军部长。——译者注

② 亨利·刘易斯·史汀生（1867—1950），政治家。1940—1945年被F.D. 罗斯福任命为陆军部长，1944年极力主张统一美国的武装部队，著有自传《在和平时期和战争时期任职》（1948年）。——译者注

③ GOP是Grand Old Party的缩写词，是美国共和党的别称。

④ 查尔斯·林扎·麦克纳里（1874—1944），美国共和党政治家。早年在大学教授过法律。曾于1917年及1918年任美国共和党参议员。1940年获美国副总统提名。——译者注

⑤ 温斯顿·丘吉尔（1874—1965），英国政治家、战略家。第二次世界大战爆发后，于1939年出任海军大臣。1940年5月，希特勒闪击西欧当天，出任英国战时内阁首相兼第一财政大臣、国防大臣。著有《第二次世界大战回忆录》等。——译者注

⑥ 皮埃尔·赖伐尔（1883—1945），法国总理，把法国出卖给纳粹德国的主要策划者，1940年后任维希政府副总理、总理（1942—1944），战后以叛国罪被处决。——译者注

⑦ 亨利·阿加德·华莱士（1888—1965），美国第33任副总统（1941—1945）。1933—1940年任农业部长，1945—1946年任商务部长。在1948年美国大选中，华莱士成为进步党的候选人。——译者注

13 第二章 1940年的俄亥俄州伊利县

续前表

时间	地方事件	国内事件	国际事件
8月上半月	第四次访问固定样本组，第二次访问控制组B	开始对征兵制度产生争论 林德伯格（Lindbergh）① 力劝如果轴心国（Axis）② 获胜，美国应与德国合作 罗斯福重申美国不会向海外提供兵力增援	
8月下半月	《克利夫兰实话报》倒向威尔基	威尔基在印第安纳州埃尔伍德（Elwood）发表演说 华莱士辞去内阁职务 外侨登记（Alien registration） 参议院通过征兵议案	英国对柏林发动第一次大突袭
9月上半月		罗斯福在劳动日发表演说呼吁美国全面防御 国会通过征兵法	英国以海军和空军基地交换美国军舰 空袭伦敦的前14天
9月下半月	第五次访问固定样本组	罗斯福签署征兵法 美国禁止向日本出售钢铁 威尔基选战的中部和西部之行（发表8次主要演说）	德国—意大利—日本10年军事同盟
10月上半月	威尔基在桑达斯基发表演说 选举登记最后一天	罗斯福以"非政治性"防御考察的方式访问俄亥俄	巴尔干半岛危机
10月下半月	《桑达斯基新闻》（Sandusky News）支持罗斯福 第六次访问固定样本组，第二次访问控制组C 杰拉尔德·L·K·史密斯（Gerald L. K. Smith）③在威尔基的集会上向3 000人致词	征兵登记 约翰·L·刘易斯（John L. Lewis）④支持威尔基 威尔基在中西部和南部地区（8次主要演说） 罗斯福在选战活动中的前三次政治演说	意大利入侵希腊

---

① 查尔斯·奥古斯塔斯·林德伯格（1902—1974），又译"林白"，美国飞行英雄。1927年单独做过一次由纽约至巴黎的横越大西洋的直达飞行。曾协助古根海姆基金会促进航空事业的发展。曾进行过各种"亲善"访问，曾荣获美国国会荣誉勋章。第二次世界大战前为著名的孤立主义者。1932年3月1日，林德伯格不满两周岁的儿子被绑架后遭杀害。为此，美国国会通过《联邦惩治绑架法》（又称《林德伯格法》）。——译者注

② 指德国与意大利的联盟。始于1936年意大利侵略阿比西尼亚（埃塞俄比亚旧称）时这两国之间的政治勾结，1936—1939年西班牙内战期间两国联盟继续存在。德意轴心于1937年12月意大利退出国际联盟后生效。日本袭击珍珠港后亦成为轴心国成员。——译者注

③ 杰拉尔德·L·K·史密斯（1898—1976），美国臭名昭著的盲目信仰者。极具煽动性的演说家。写有反动小册子《十字和旗帜》并三次选战总统。——译者注

④ 约翰·卢埃林·刘易斯（1880—1969），美国劳工领袖。1920年任美国劳工联合会所属的美国矿工联合会主席。1935年创建产业工业委员会，1938年改组为产业工业联合会。罗斯福第三次担任总统后的激烈反对者。——译者注

续前表

时间	地方事件	国内事件	国际事件
11月上半月	第七次访问固定样本组	最后的选战演说：罗斯福于布鲁克林和克利夫兰发表；威尔基于纽约发表 选举日：11月5日	

第三章　共和党人与民主党人的社会差异

任何称职的实用主义政治家都十分了解美国选民的分层。他日常工作的一部分就是研究什么样的选民有可能是彻底的共和党人,而什么样的选民可能是传统的民主党人。如果他不清楚谁最易受到两党争论的影响,他也就没什么事情可做了。

如今,在美国的很多地区,政治家可以指望银行家、商业经理、农民、主教及其信徒为共和党投票。同样,他知道移民、工人、牧师和教区居民——尤其是居住在城市里的那部分——是民主党在团结一致的南方(Solid South)①之外的主要支持力量。

政治家用以区分民主党人和共和党人的特征包括:经济地位、宗教、居住地和职业。除了这些,还可以加上第五点——年龄。年轻人往往抵触保守主义,这表现在他们的服装、音乐偏好和行为举止方面,同样也表现在政治上。

总的来说,1940年伊利县投票行为的调查研究证实了经验的权威

---

① 指南部各州一贯投民主党的票。这种政治现象源于美国重建南部时期。而几十年后,美国的政治地理发生了巨大变化,在2004年大选中,南部已成为共和党的天下。——译者注

性，但该研究的作用不仅限于赋予一般意义上的知识以科学地位。通过将知识系统化，以及对各个分层上每种要素的影响进行真实的测量，该研究厘清了这些要素的恰当顺序并指出了它们相互间的依赖性。

社会—经济地位的作用

在讨论社会—经济地位对两个主要党派的构成所起的作用之前，我们先来考察用以测量这一特点的指数。

进行公众舆论研究通常要利用访员的社会—经济地位分级。为方便起见，我们简称其为 SES 等级。访员被培训后去评估受访者的家庭、财产、外表和言谈举止，而后根据一套指标将他们分类到合适的群体阶层中。那些拥有豪宅、衣着华丽的有钱人被划分为阶层 A，完全相反的一类人被划分为阶层 D。据此，在伊利县，该指标大致分布如下：A，3%；B，14%；C+，33%；C—，30%；D，20%。[1]

在这样的分类中暗含着大量的总结性思考，在此仅能做出简单概括。[2] 第一个问题是关注这种划分的可靠性，两次不同的测试是否可能得出相同的结果？我们有关于这一问题的证据。实验说明：由同一个访员对同一个对象访问两次，但时间间隔是三周，访员进行了两次独立的评估后，得出了两组等级，它们之间的相关度是 0.8。当同一个对象被两个不同的访员访问时，相关度就下降到 0.6 或 0.7。[3] 尽管有一些变化，但评估所划分的等级基本稳定。

但这些等级的划分是否和经验性的结果相吻合呢？同样有证据表明，SES 等级和受访者的物质财产高度相关，等级越高，收入程度越高，拥有的家庭设施的价格就越昂贵等等。[4]

SES 等级还和访问对象的受教育程度紧密相关。商人和专业人士（professional people）的等级较高，而工人和手工劳动者的等级较低。

总之，我们的专门研究已经表明，对于人们与之相联系的不同的特殊社会群体来说，这些定性的等级代表着各种地位等级的平均值或其共同要素，例如，众所周知，在诸多社会中，从连续几个世纪流传下来的家族名望要比财富更能赢得荣誉。访员对拥有金钱和家庭地位的受访者的评价要高于仅有其中一方面的人，而后者又比那些既没有钱又没有引以为豪的家庭背景的人的评价更高。SES等级因其在社会经济方面进行排序，可以看作是对受访者诸多身份性质的测量。[5] 在此意义上，SES代表着一般性阶层指标。

SES等级能在多大程度上区分党派投票？各等级阶层的人们在多大程度上支持共和党人或者民主党人？答案是，在A等级上的共和党人是在D等级上的共和党人的两倍（见图3—1）。随着SES等级的降低，支持共和党人的比例减少，而支持民主党人的比例相应增多。

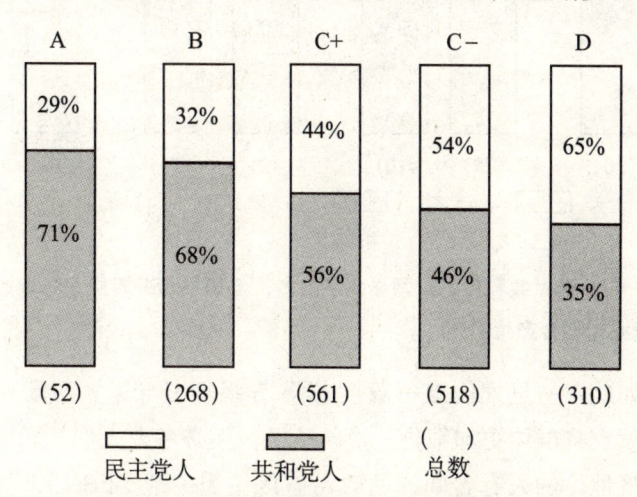

	A	B	C+	C-	D
民主党人	29%	32%	44%	54%	65%
共和党人	71%	68%	56%	46%	35%
(总数)	(52)	(268)	(561)	(518)	(310)

图3—1 社会—经济地位（SES等级）高的阶层更倾向于选共和党。

这样一个一般性指标在建立一般关系时是有用的，但经常模糊一些有趣的细小差别。例如，一位对"阶级"概念感兴趣的社会学家可能认为社会—经济分级的指标会使问题更模糊，而不是在澄清它。他可能会认为，在一般商业和生产体系内，分级指标对个人客观而具体的定位是非常重要的。如果从统计学的角度来回答这个问题，**在不同的SES等级内**对受访者进行次级分类是十分必要的。尽管在细节上了解分级体系不是我们的研究目的，但一两个关于次级分类的例子可以表明：**一般的**SES等级并不会模糊社会阶层中更细微的问题，而是更有利于研究它们。

我们可以利用受访者的职业作为进一步分类（见图 3—2）的首要基础。在每个 SES 等级上，"上层"职业群体——专业人士、公司人员、牧师和商人——比那些"下层"阶层群体（熟练的机械员、工人和手工业劳动者）更多地支持共和党。[7]

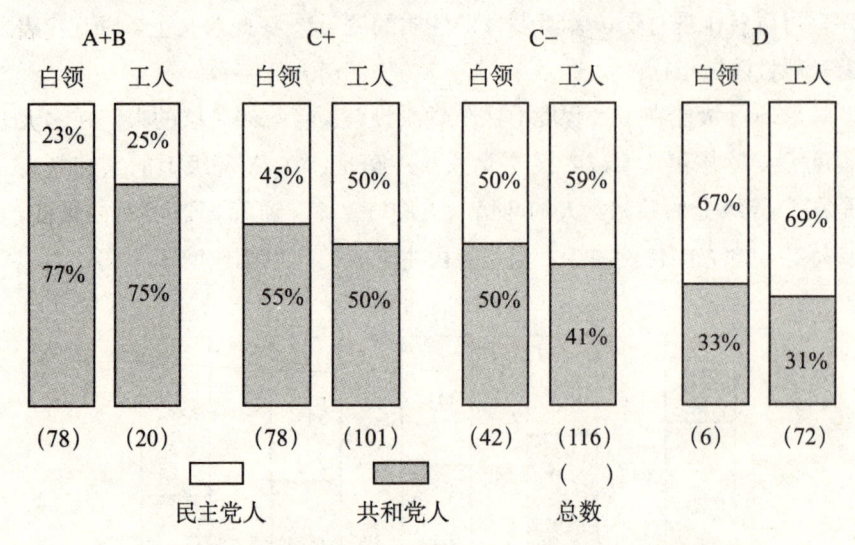

	A+B		C+		C-		D	
	白领	工人	白领	工人	白领	工人	白领	工人
民主党人	23%	25%	45%	50%	50%	59%	67%	69%
共和党人	77%	75%	55%	50%	50%	41%	33%	31%
总数	(78)	(20)	(78)	(101)	(42)	(116)	(6)	(72)

图 3—2 选举共和党的白领要比工人多，但如果 SES 等级是稳定的，职业则不会产生影响。

尽管如此，一旦人们被一般性 SES 等级划分开来，对职业的进一步分类并没有将群体更加细化。换句话说，不必考虑人们的职业，同样社会—经济地位的人有着同样的政治态度。当一般 SES 等级的分布稳定时，职业对投票的影响确实非常小。

但可能发挥关键作用的因素是一个人对自己的社会地位的理解，而非他的客观职业。比如，一个工人可能是或者期望自己成为一个工头，因此他会自我认定为管理者。他可能感到自己的个人财富与商业财富相联系而不是与劳动相联系。也许一个人的"阶级"定位比他的职业更多地影响投票。为了研究这种可能性，在 10 月和 11 月的访问中，我们问了下述问题[8]："你认为你属于下列哪个群体？"如果受访者认为自己不属于其中任何一个，那么我们会问他们："你对下面哪个群体最感兴趣？"受访者给出的答案为我们提供了第二次次级分类的数据。

19 第三章 共和党人与民主党人的社会差异

人们对自己的定位在决定投票时的作用要比其客观职业的影响大（见图3—3）。我们在此介绍与影响投票的其他态度因素相关的态度要素后，这种结论就不奇怪了。事实上，单从 SES 等级的分类（见图3—1）来看，个人的定位这一附加要素能在很大程度上改进选民对政治关联的预期。在 SES 最高等级上（A+B），共和党人是其在最低等级上的两倍。现在，结合人们对自己的社会定位后，这种差别的比例上升到接近 3 比 1。

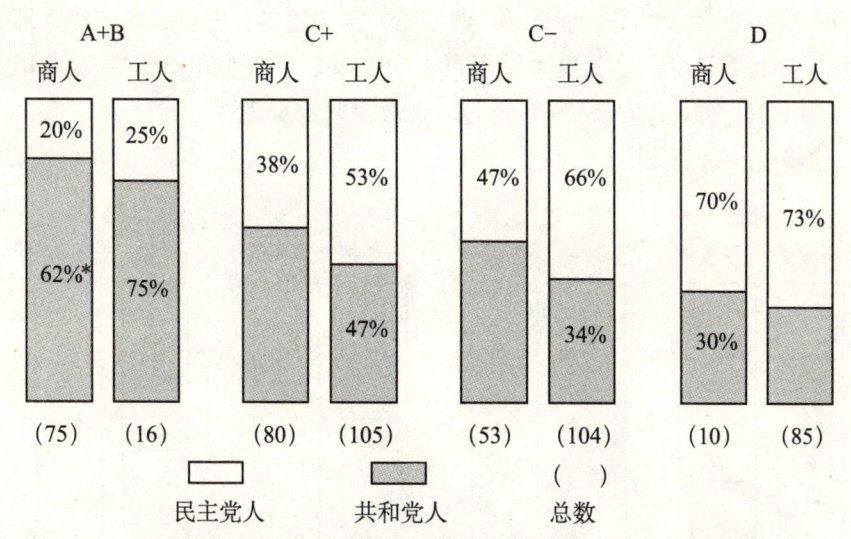

	A+B		C+		C−		D	
	商人	工人	商人	工人	商人	工人	商人	工人
民主党人	20%	25%	38%	53%	47%	66%	70%	73%
共和党人	62%*	75%	—	47%	—	34%	30%	—
总数	(75)	(16)	(80)	(105)	(53)	(104)	(10)	(85)

图3—3 尽管通过选民的实际职业很难界定 SES 等级与投票之间的关系，但一个人把自己定位为属于"商人"还是"工人"的结果却有一些不同。

简言之，一般的 SES 指数可以通过结合其他社会测量指数——尤其是自我定位——变得更加精确。将受访者的社会属性更加细化，便能够在它和政治关联之间建立更密切的关系。更富有的人、拥有更多财产的人、有商业股份的人通常是共和党人；比较穷困的人、生活水平较低的人、自我认知为工人阶级的人通常投票给民主党。不同的社会属性，会导致不同的投票行为。

---

* 原书数据如此。——编者注

人民的选择　20

宗教关联与年龄

在伊利县调查中，研究者发现另外一个同 SES 等级一样重要的因素，那就是宗教关联。

5 月，60% 的新教徒和仅 23% 的天主教徒打算支持共和党。乍一看，我们可能会得出一个不真实的结论：作为群体，天主教徒的经济地位要比新教徒低，因为这个结果可能只是反映了他们的 SES 等级，但实则不然，在每一个 SES 等级上，宗教关联都会对决定政治关联起到重要作用（见图 3—4）。

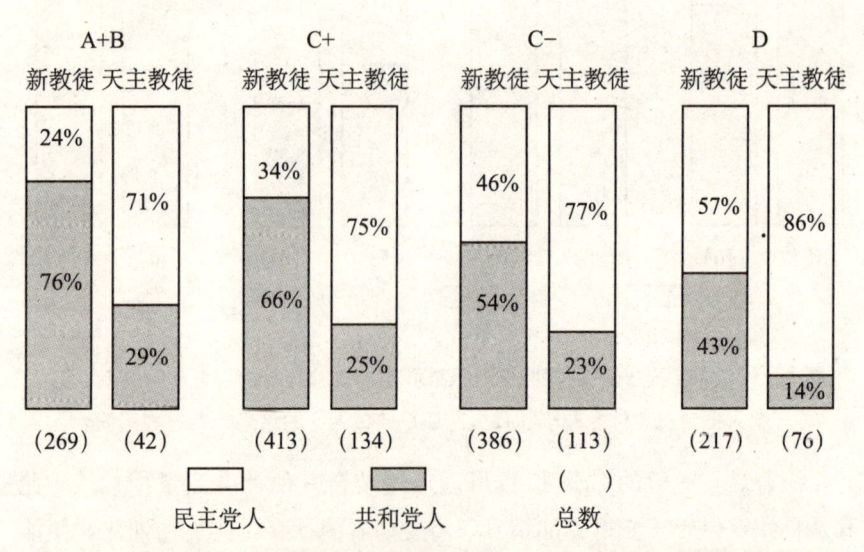

	A+B		C+		C−		D	
	新教徒	天主教徒	新教徒	天主教徒	新教徒	天主教徒	新教徒	天主教徒
民主党人	24%	71%	34%	75%	46%	77%	57%	86%
共和党人	76%	29%	66%	25%	54%	23%	43%	14%
总数	(269)	(42)	(413)	(134)	(386)	(113)	(217)	(76)

图 3—4　宗教关联对选民投票行为的影响非常大。这不能归因于这个国家中的天主教徒的平均 SES 等级低于新教徒。投票行为和宗教关联间的关系在每一个 SES 等级上都体现得很明显。

在新教徒和天主教徒之间产生的这种差别可以有多种解释，也许是由于宗教群体的民族来源不同。在大的城市，爱尔兰人、波兰人和意大利人中的大部分都是天主教徒，同民主党有着密切联系，但这不足以解释伊利县天主教徒的投票行为。因为除了盎格鲁—撒克逊人以外，在伊利县数得上规模的民族仅有一个——日耳曼,该群体的宗教构成和伊利县的大部分居住人口的构成是一致的。

这种解释不能自圆其说,却酝酿了另一种无疑更适用的假设。经过爱尔兰人、意大利人和波兰人的移民潮,天主教徒在传统上就已经和民主党联系在一起了。很多民主党的领袖就是天主教徒——从近几届国会主席可以看出来:拉斯科布(Raskob)①,法利(Farley)②,弗林(Flynn)③,沃克(Walker)④以及汉尼根(Hannegan)⑤。此外,还有艾尔·史密斯(Al Smith)⑥,1928年的民主党候选人,他是唯一一位被提名竞选总统的天主教徒。在某种程度上,这些扼要的历史事实就可以解释天主教徒的政治关联。

也有可能的是,天主教徒长期以来一直倾向于支持从欧洲不同民族的移民历史中发展而来的民主党,这种历史传统强化了这种趋势。尽管牧师可能没有施加直接的影响,但他们的宗教偏好可能渗透到其所在的宗教群体中。以下这种情况不是不可能发生:一些教区居民,尤其是那些对政治不感兴趣的人,可能会轻易地跟从他们的牧师,以表现出群体的团结,这种团结可以经常在天主教徒中看到。

另一种可能性是,多数天主教徒投票给民主党的事实体现出非主流

---

① 约翰·J·拉斯科布(1879—1950),曾任杜邦和通用汽车公司的财务主管,也是帝国大厦的建造者。1928—1932年任民主党全国委员会主席。其著名的言论为"每个人都应该富有"。——译者注

② 詹姆斯·阿洛伊斯修斯·法利(1888—1976),美国建筑材料商。1932—1940年任民主党全国委员会主席,其间由罗斯福任命为邮政部长。他对人的姓名和面貌有惊人记忆。著有《在选票的背后》和《吉姆·法利的故事》两部自传。——译者注

③ 爱德华·约瑟夫·弗林(1891—1953),年轻时曾为律师。1917年担任纽约州众议员。极力支持罗斯福竞选总统和其"新政"措施。1940—1943年任民主党全国委员会主席。著有《你是老板》。——译者注

④ 弗兰克·科默福德·沃克(1886—1959),早年从事法律工作。1940—1945年任美国邮政部部长,1943—1944年任美国民主党全国委员会主席。1945年后曾担任美国驻联合国代表。——译者注

⑤ 罗伯特·埃米特·汉尼根(1903—1949),美国政治家。1943—1944年担任美国国内收入署专员。1944—1947年任美国民主党全国委员会主席。——译者注

⑥ 艾尔弗雷德·伊曼纽尔·史密斯(1873—1944),美国政界领袖。人们经常称呼他为"艾尔·史密斯"。1923—1928年连任四届纽约州州长。1928年成为民主党总统候选人。他是第一位竞选总统的天主教徒。——译者注

群体支持在野党；在大部分北部社区中，尽管民主党人近来取得了一定的成功，但他们仍然是少数派，因为在"正式"的选举中，胜者还是共和党人。天主教徒选民主党是对共同的少数派身份的一种肯定。[9]

两个宗教群体的不同政治倾向将引导我们研究选民的年龄和其投票偏好间的关系。民间有一种论调认为，老年人在诸多方面更保守，在政治上也一样，因为他们总希望自己理想化的过去能够永存，同时他们有更多值得珍藏的东西。而年轻人就更加自由，更倾向于改变。如果人们接受一种普遍的成见——共和党更"保守"，民主党更"自由"——那么，在1940年的伊利县，这种论调是被承认的。

5月，45岁以下的人中有50%打算选共和党，而在5岁以上的人中有55%有此想法。尽管如此，如果分别从新教徒和天主教徒的角度来说，这个结果并不成立（见图3—5）。只有在新教徒中，老年人更倾向共和党；而在天主教徒中却相反，大部分老年人都支持民主党。这种年龄和政治之间的微妙关系可以有两种解释：第一，一般不易受到教会影响的年轻人和老一辈相比，宗教对其投票行为的影响较小。因此，青年新教徒比老年新教徒更少地支持共和党人，青年天主教徒比老年天主

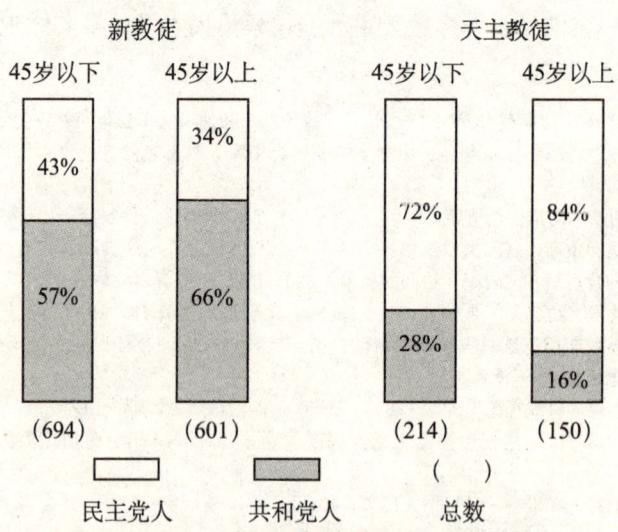

	新教徒		天主教徒	
	45岁以下	45岁以上	45岁以下	45岁以上
民主党人	43%	34%	72%	84%
共和党人	57%	66%	28%	16%
总数	(694)	(601)	(214)	(150)

图3—5[10] 在每个宗教群体中，青年选民都表现出相反的倾向：青年新教徒比老年新教徒选共和党的要少，青年天主教徒比老年天主教徒选民主党的要少。

教徒更少地支持民主党人。第二，对于年龄会带来政治保守主义的观点——在此处看来是不正确的——应该有另一种理解。就像人的胃口一样，饮食习惯要靠所吃的食物来形成，影响投票偏好的宗教因素多年来被强化，以至于它们在老年人身上作用更大。它们有更多时间去施加影响，向受访者灌输并通过共同因素影响他们。换言之，年龄的增长未必带来**政治**保守主义，但可能带来**社会**保守主义。

政治既有倾向指数

目前，我们已经确认影响投票的两大因素：SES 等级和宗教关联，随后，又看到了年龄对政治的影响对于天主教徒和新教徒来说是不同的。我们也调查了许多其他的因素，但从统计学的角度来说，只有一点非常重要：在选共和党的选民中，居住在乡下的要比居住在拥有 2.5 万人口的工业化城镇桑达斯基的高出 14%。

其他区别都不甚重要。女性某种程度上倾向于支持共和党，受过高等教育的人也有此倾向，但受教育程度和 SES 等级高度相关，以至于很难说是否能在利用更加细化的经济分层的同时，单独区分出受教育程度的影响。

上述讨论的社会因素与投票之间的多重相关度大概是 0.5。[11] 对所有这些因素的影响价值进行预估，最大部分还是来自于三个因素：SES 等级、宗教关联和居住地。75% 的富有农民新教徒选了共和党，而 90% 的居住在桑达斯基的天主教徒工人选了民主党。

为了能通过简单的方法运用这些因素，我们设计了政治既有倾向指数(IPP)[12]，根据这个指数，我们可以将受访者按一个等级排序分类，把带有强烈的共和党既有倾向的人置于一端，而把带有强烈的民主党既有倾向的人置于另一端。当然，这个指数要比多重相关系数粗糙，但它能通过对选民的个人特征的不同结合，很容易地区分人们的投票态度（见图 3—6）。共和党人那一部分一贯且引人注目地从一个政治既有倾向极端滑落向另一个极端。因此，对三种主要个人特征的简单结合为"解释"政治偏好做了很大贡献。

在美国的民间谚语中有这样一句话：人如己所想。这句谚语反映了典型的美国无限机会主义的思想、自我改进的倾向等等，我们发现这句话反过来讲也是对的：一个人在政治上的所想和他的社会性是一致的。社会属性决定政治偏好。

政治既有倾向

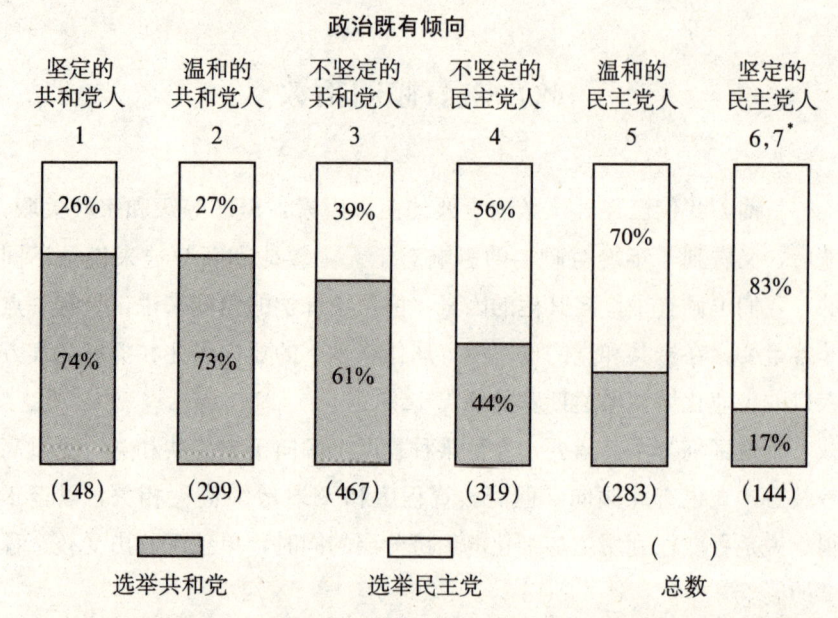

	坚定的共和党人	温和的共和党人	不坚定的共和党人	不坚定的民主党人	温和的民主党人	坚定的民主党人
	1	2	3	4	5	6,7*
选举民主党	26%	27%	39%	56%	70%	83%
选举共和党	74%	73%	61%	44%	30%	17%
总数	(148)	(299)	(467)	(319)	(283)	(144)

图 3—6　处于高的 SES 等级、信仰新教、居住在乡下的居民倾向于选共和党，反之，则倾向于选民主党。可将此概括成政治既有倾向指数（IPP），它们的影响通过与选民的选举意图的高相关度表现出来。

---

* 原图如此。——编者注

第四章　共和党人与民主党人的
　　　　意识形态差异

　　我们已经描述了区分一般的共和党选民与其对手民主党选民的一些客观特性。那么，这两个群体在对公共事务，尤其是对涉及选举这样的大事件的看法上，有何种程度的不同呢？

　　第一个问题是，对社会和经济问题的态度能否反映两党的社会阶层。我们可以从很多资料中获取肯定的答案。事实上，两个选民群体在处世哲学上的差别要比他们在社会构成上的差别更显著。

经济和社会态度

　　政治选战中的宣传意在唤起选民的期望。两党的选民群体相信他们的候选人的获胜对国家和自己意味着什么能够体现他们各自的处世哲学。为此，我们询问了固定样本组的受访者两个问题：如果选罗斯福，你认为哪个阶层的人会从中获益最多？而如果选威尔基，你认为哪个阶层获益最多？

　　在共和党和民主党的选民看来，两位候选人的情况很相似。两组选民中的大部分人都认为,如果罗斯福当选,普通民众、平民、工人阶级将会获益;两组选民也认同——即使在程度上不同,如果威尔基当选,商业阶层会从中获益。但许多更细微的差别不仅表现在两位候选人的形象上,也表现在选民本身的态度上。

76%的民主党人和64%的共和党人都认为,如果罗斯福再次当选,普通民众受益最多。但四分之三的民主党人明确地使用了"工人"或"劳动者"这样的术语提及这些普通民众,同样多的共和党人则使用了"公共事业振兴署工作人员"("WPA jobholders")①、"被救济者"或"失业者"这样的词。两个选民群体在罗斯福当选的社会意义上达成了共识,但罗斯福的反对者则认为,罗斯福想要帮助的人群在全社会中并不是最有价值的部分。在1940年,"失业"这一术语的含义仍然是贬义的。41%的共和党人强调失业者将从罗斯福的获胜中受益,但仅有3%的民主党人用了这个词。显然,两个选民群体都认为"失业"这一用语有损人格。失业也没有被看作是一种经济现象。

关于威尔基的图景就无法被那么清晰地界定了。一方面,在两个选民群体中有很多人都不知道**谁**能从他的获胜中得益。另一方面,两个选民群体对威尔基达成的共识不像对罗斯福达成的共识那样明确。57%的民主党人认为,如果威尔基当选,商业组织能获益,但仅有25%的共和党人这样想。19%的共和党人宣称威尔基的获胜能使工人阶级和普通民众获益。

换句话说,两个选民群体中的大部分人把威尔基看成是商人的代表,而把罗斯福看成是工人的斗士。但是,当民主党人欣然接受这种说法时,共和党人中有这样一种强烈的倾向:他们强调对商业有好处的就是对每个人有好处的,并通过向普通民众承诺来增加对威尔基的特别声援。简言之,现在商业阶层的候选人的责任在某种程度上就是他必须声明与广大群众相联系。而代表工人利益的候选人就没有这样的责任,不

---

① 罗斯福为向失业者提供就业机会而提议并由国会通过设立的机构,1935年成立,1939年更名为"工程规划管理局",1942年撤销。在7年半中该局共雇佣约850万失业人员,从事大批公共设施建筑工程工作,所耗经费达110亿美元。——译者注

必假意表示对商业有益。

下面,我们转向两个群体选民的社会态度的第二种数据来源:人们给出的自己转变投票意图的理由。如果我们发现受访者的投票意图和上一次受访时不同,就会问其转变的原因。细节性访问的主要目的在于追溯广播和报纸的影响。但受访者在回答的过程中,一定会提到给他们留下深刻印象的理由。[1]

超过三分之一的共和党人和超过四分之一的民主党人提到经济理由是他们改变投票的原因。这些理由可以被粗略划分成两组,大多数是"阶级"性的理由,即他们是站在"穷人"一边还是站在"富人"一边。另外一组则没有表现出明确的阶级特征。

选民可以通过很多方法来表达他们的阶级立场。"穷人"的理由可能是支持公共事业振兴署,或者认为威尔基代表大商业集团的利益,或者认为他当选后自己的工资会下降。"富人"的理由可能是威尔基当选后可以重振商业信心,而罗斯福在破坏商业,或者他的失业政策使工人不再能自力更生。

非阶级性的理由则会联系到农业问题、对在某位候选人的带领下可以达到普遍繁荣的预期、总统救济措施的不力、新政下的国债和透支问题等[2];还涉及各色各样的评论,如"罗斯福在制造阶级仇恨"。

在那些由于经济理由而转变主意支持共和党的人中[3],有49位提到阶级原因而有48位提到非阶级原因。在民主党中,有73位讨论经济问题的选民提到阶级原因而仅有12位提到非阶级原因。这就再次表明,民主党人更易于用阶级术语来思考和讨论问题。但这并不意味着民主党中有"阶级意识"的人更多,而是他们没有经受掩盖其阶级利益的社会压力。

目前我们讨论的重点是要澄清政党和经济理由的内容之间的关系(见表4—1)。当民主党人引用阶级理由时,通常排他性地使用"穷人的"理由。共和党人则主要强调"富人的"观点。有14位转而支持威尔基的共和党人明确说明他们之所以转变是由于预测他的当选可使工人和普通民众受益。这14位共和党人是一个让人感兴趣的例外,他们运用了大量术语争论说，威尔基是"向着工人的"，或者他曾经那样工作过，所以他了解工人阶级的需要。（关于后面一点，威尔基谦恭的开场在选战中赢得了很多选民的赞同，以后还会提及。）

表 4—1　　共和党和民主党转变者提及阶级上的理由的人数

理由类型	共和党人	民主党人
穷人的理由	14	73
富人的理由	35	0
谈及阶级理由的人的总数	49	73

对未来的历史学家来讲，这些理由的细节非常有趣。可以从逻辑上将它们分成四组：1. 我的候选人支持＿＿＿＿；2. 另外一个候选人支持＿＿＿＿；3. 另外一个候选人反对＿＿＿＿；4. 我的候选人反对＿＿＿＿。在我们所记下的超过 100 种评论中，没有一例符合类型 4，即通过候选人**反对什么**的立场来解释投票意图。民主党人从不说罗斯福反对大商业或者垄断，共和党人也从不说威尔基要废除公共事业振兴署或者其他社会立法。至少在选举中，人们不愿给他们的候选人标记上任何激进的倾向。

当然，对手的候选人可以被无节制地指责对特定人群是很危险的，就像上面提到的类型 3 所显示的。但在两党之间有值得注意的区别。民主党人表示支持罗斯福的社会政策的频率是他们指责威尔基和大商业联盟具有危险性的频率的两倍。而另一方面，共和党人倾向于指责罗斯福危险的经济政策的频率和他们强调威尔基保护商人的利益的频率至少是一样的。

总的来说，无论何时涉及经济和社会问题，在两党候选人的拥护者给出的理由中都会表现出清晰的阶级结构。

政治的"外向性"

两党支持者在态度上的第二个主要区别可以从 8 月和 10 月访问固

定样本组时的以下问题中反映出来:"如果你必须在一个有过从政经历和另一个有过从商经历的两个候选人中选出总统,你会选谁?"

10月,在整个固定样本组中有40%的人支持有从政经历的候选人,有47%支持有从商经历的候选人,而13%尚未决定(8月份的数据很相似——分别为41%、45%和14%),因此,在这一问题上的样本分配还是非常均衡的,但也有清晰的政党差别(见图4—1)。

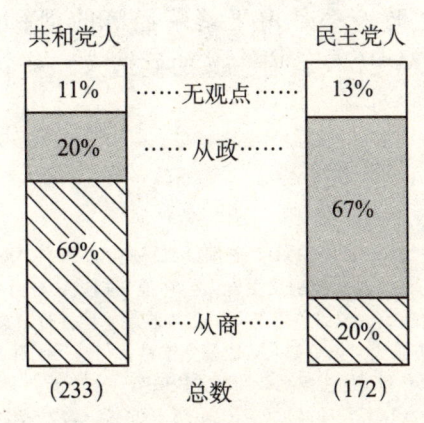

	共和党人	民主党人
无观点	11%	13%
从政	20%	67%
从商	69%	20%
总数	(233)	(172)

图 4—1 共和党人喜欢有从商经历的总统,而民主党人喜欢有从政经历的总统。

很大一部分共和党人投票给有从商经历的候选人,而民主党人以几乎同样的频率支持有从政经历的候选人。解释这种结果必须要考虑两个因素:其一是两位候选人中有一位曾经有从商职业生涯,而另一位曾经是政府官员。因此,在某种程度上,他们的追随者必须要接受这种差别并利用好它们。

但同时,两派旗手有如此典型的不同的过去并非巧合。自美国内战[①]以来,一直是民主党总统把政府的重要性作为自己的追求。格罗

---

① 亦称南北战争。1865年以北方胜利告终。美国内战的结果是彻底粉碎了脱离联邦和废止国会法令的理论,建立了联邦政府的最高权威。美国内战废除了奴隶制,标志着共和党在国家政治生活中上升到统治地位。——译者注

弗·克利夫兰（Grover Cleveland）① 和文官制度改革的首次成功联系在一起。伍德罗·威尔逊（Woodrow Wilson）② 任职政府顾问期间，提出的"新自由"③ 主张强调了政府的作用。罗斯福"新政"④ 对政府机构来说又是个全新的概念。

相反，共和党政府更注意商业问题。内战以后，他们成为向西部扩张的标志。麦金利（McKinley）⑤ 关注货币和税率问题。第一次世界大战后的三任共和党政府都是由于繁荣经济的纲领而当选，而哈定（Harding）⑥ 几乎是一个反政府主义的候选人。[4] 柯立芝（Coolidge）⑦

---

① 格罗弗·克利夫兰（1837—1908），美国第22任和第24任总统。是唯一分开任两届的总统，也是内战后第一个当选总统的民主党人。在他任期内，自由女神像在纽约市竖立。其在任期内面临着机构改革、关税纷争、工人罢工等难题。他推行了文官制度改革，免去了近10万共和党人的官职并换上了民主党人；他勒令铁路公司退出了近8 000英亩非法占用的土地；他力图维持和制订有利于民主党利益的低关税政策。——译者注

② 伍德罗·威尔逊（1895—1924），美国第28任总统，曾发表著名的"十四点原则"，参加巴黎和会，接受国际联盟盟约。1919年获诺贝尔和平奖。著有许多有关政治学和国际事务方面的著作。——译者注

③ 1913—1921年间威尔逊总统民主改革计划的总称。民主党在1912年大选中获得1892年以来的第一次胜利后，在政治立法、经济立法和社会立法方面开始执行一套进步计划，包括《联邦储备法》、《联邦贸易委员会法》、《拉福莱特税收法》、《克莱顿反托拉斯法》、《安德伍德—西蒙斯关税法》等等。这一计划也称"威尔逊民主"。——译者注

④ 指罗斯福总统1933年就职后所实行的政策。该政策以"经济、复兴、改革"这一口号为基础。面临大萧条引起的一系列严重问题，新政在公共福利、以工代赈、农业、公用事业、财政、劳工、工业、证券管理、运输和住房建设诸领域制定法案。新政得到工人、农民和小企业主的支持，但遭到多数大企业主的反对。新政众所周知的特点是建立了一些"字母表机构"和"智囊团"。——译者注

⑤ 威廉·麦金利（1843—1901），美国第25任总统。1896年，被共和党提名为总统候选人并在竞选中获胜。执政后，他采取提高关税和稳定货币的政策，曾一度获得"繁荣总统"的美名。对外，他发动美西战争。1901年9月6日遇刺，8日后身亡。——译者注

⑥ 沃伦·G·哈定（1865—1923），美国第29任总统。曾经是一名知名报刊发行人。当选总统前曾先后担任俄亥俄州议会参议员（1899—1903）、俄亥俄州副州长和联邦参议员（1915—1921）等职。——译者注

⑦ 小约翰·卡尔文·柯立芝（1872—1933），美国第30任总统。佛蒙特州律师出身。在1920年大选中成功当选第29任美国副总统。1923年，哈定在任内病逝，柯立芝随即递补为总统。在1924年大选中连任成功。在政治上主张小政府，以古典自由派保守主义闻名。——译者注

认为"美国的生意才是大事",胡佛(Hoover)① 曾作为成功矿业企业的代表被称为"伟大的工程师"。简言之,图4—1中的结果似乎描绘了非常一致的历史传统的残余效应。

这种观点可能会被进一步概括为社会包容性的观点。我们考虑政治的"外向者",即那些把政府看得比商业重要的人,以及更倾向于关注国际问题而不是国内问题的人。我们的材料表明,两个政党间的区别已经延伸到这个广阔的领域。10月,我们的受访者被问及:"你和你的朋友讨论的话题更多的是关于战争还是关于即将到来的选举?"图4—2体现了当时有共和党或民主党投票意图的选民所给出的答案。

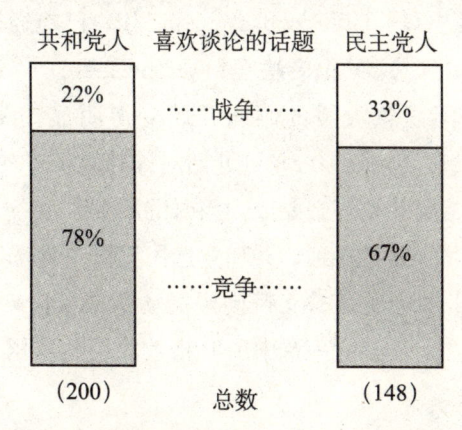

	共和党人	喜欢谈论的话题	民主党人
……战争……	22%		33%
……竞争……	78%		67%
总数	(200)		(148)

图4—2 在和朋友的谈话时,共和党人比民主党人更喜欢讨论竞选。

民主党人比共和党人对战争更感兴趣。因而根据我们的数据,民主党确实更像政治的外向者,带着更加包容性的观点。他们认为私人的事情远没有公共事务重要,而且他们对国际问题相对比国内问题更感兴趣。

因此,我们总结了两党之间在意识形态上的两点差别:(1)在社会问题上,他们站在相反的立场上;(2)在政治"外向性"和社会包容性

---

① 赫伯特·胡佛(1874—1964),美国第31任总统。起初以工程师身份成为矿业界的富豪。1929年至1933年出任美国总统。在总统任内,他推行保护大资本家的"放任政策"。著有《对自由的挑战》、《持久和平的问题》、《持久和平的基础》等书。——译者注

上，他们存在基于假设范围内的分歧。[5]

欧洲战事

这些差异对于解释 1940 年两党之间的第三个甚至更多暂时性的区别很有帮助：他们对欧洲战争的态度。

读者应当还记得 1940 年夏天那个关于战争讨论的高潮。"假战争"（phony war）[①] 以德国的巨大胜利而告终。美国是否参战的问题变得越来越尖锐。《征兵法案》（The conscription bill）已经通过并且启动了工业防御项目以获取气势。《租借法案》（Lend-lease）[②] 还未生效，但罗斯福政府给予盟国紧急救援的倾向开始变得明显。美国第一委员会（The America First Committee）则开始对国外政策中的这一倾向施压。孤立主义是否可能或者说有必要成为当时的问题。

我们通过两组数据观察到，共和党选民比民主党选民更倾向于孤立主义。一组数据来源于所谓的支持同盟能动主义（pro-Allied activism）指数值，这种指数是基于前一章中 IPP 指数使用的累积基点建构的。我们问了两个问题：

"现在，美国应该如何帮助英国？——比现在做得少？一样？还是要比现在做得多但是不要卷入战争？"

"对于征兵法案你怎么看？——同意还是不同意？"

有 25% 的共和党人既反对征兵政策也反对增加对英国的援助。而仅有 11% 的民主党人在这两个问题上都采取"孤立主义"立场。在极

---

① 1939 年 9 月 1 日，德国对波兰发动了"闪电战"，9 月 3 日，英、法根据法波盟约和英法互助条约被迫对德宣战。但英法却宣而不战，按兵不动，坐在阵地上观望。这就是所谓的"假战争"，也被称为"静坐战"。——译者注

② 由美国国会于 1941 年 3 月通过。该法授权总统可以将任何装备出租或出借给他认为与美国防务有关的任何国家。至 1945 年年底，共有价值为 500 多亿美元的物资按照该法的规定提供给美国在第二次世界大战中的盟国，其中 60% 提供给英国，22% 提供给苏联。租借法虽然名义上以出租或出借方式进行，但这种援助实际上已经成为二战以前和大战期间美国对盟国的公开援助。——译者注

端的情况下，这种关系表现得尤为明显。在希望美国减少对英国的帮助的38人中，有82%是共和党人；在《征兵法案》被通过后持反对态度的42人中，也有82%是共和党人。

如果我们转向第二组数据，这种意见上的分歧更为明显，受访者转变投票意图的理由可以用来解释他们在思想上的转变。48%的民主党转变者和26%的共和党转变者在其理由中涉及战争问题。但超过一半的民主党转变者在阐述理由时都声明，面对欧洲危机，他们不能没有罗斯福的经验，尽管他们在美国是否应该介入还是退出欧洲战争上没有明确的立场。

约有四分之三的人表明，在这一问题上的立场就是要置身于战争之外，另外四分之一的人则不这样认为。那些持否定想法的——"非孤立主义者"的理由——大部分是因为知道美国参与战争是无法避免的，并且应该起到建设性的作用，而不是站在干涉主义者的位置上。

这样，两党之间的区别更加明显（见表4—2）。共和党人——几乎是顽固的——坚持美国应该置身战争之外。民主党人更倾向于通过我们可能卷入战争的观点来观察战争形势。

表4—2　　　使我们能够对战争问题做出分类的转变态度的理由

	孤立主义者的理由	非孤立主义者的理由
共和党选民	36	5
民主党选民	28	19

党派性与党争

关于两党之间差别的详细阐述并不意味着民主党选民在所有的问题上都与共和党选民不一致。10月后期，正式选战到了最紧张的阶段，仅有25%的受访者全心全意地支持自己的政党。也就是说，仅有这部分人具有两方阐述的8种理由中完全或几乎完全"正确"的态度。[6] 另一方面，35%的党徒对自己政党的论争相对冷漠。其中，共和党人和民主党人在规模上几乎相当，简言之，这部分选民具有政治容忍度。而比较那些通过印刷媒介或广播传播思想的选战经理的党派性，这一点更为显著。在第十三章中，我们将证明选战宣传要比群众更具党派性。

对选战持宽容态度的另外一个表现就是，一些共和党人在选举之后对罗斯福的态度有所转变。大选结束后约一周，选战的火药味还没散去，22%的共和党人对罗斯福的态度好转起来，因为他已当选为总统。大部分共和党人当然仍坚持他们在选举日之前的态度。

在党派性上表现出来的相对容忍性，还可以通过两党在一少部分选战论争上的充分认同来解释。最大的一致在于对两位候选人个性的评价上。在提交给受访者选择的 8 种理由中，有两种是关于个性特征的：

"罗斯福非常具有人格魅力，能够胜任艰苦的工作，并且十分有智慧。"

"威尔基是一个自力更生、小城市出身的人，他依靠自己的天分创立了工业组织，以此开辟了道路。"

这些不仅是被广大选民所接受的理由，此外，这也是**唯一**能让更多立场相对立的成员共同赞同而不是相互反对的理由。就连共和党人也不得不承认罗斯福聪明、刻苦，民主党人也认同威尔基是成功者。不论人们如何评价其他不太重要的政客，他们都会乐于相信最高机构的提名者是杰出人士。这也是在选举后促进那些投了未当选者一票的选民进行心理调节的重要因素。

共和党选民和民主党选民除了对候选人个性的认同外，对选战中的问题还有另外两种反应。其一是经济问题，在党徒自己的立场完全稳固并使对方确信之前，他们都在此问题上争论不休。然而，另一种论争就不是如此。在这种情况下，问题之间没有结合点。每一方都会有自己充分的理由——并强化之。而每一方也会认清对方充分的理由——并避免之。

共和党人的充分理由涉及第三任期的传统的问题。而民主党人的充分理由涉及罗斯福在世界危机期间处理外事的经验。这一对理由从未正面冲突过，共和党人很难不把第三任期问题作为其选共和党的理由，而几乎没有一个民主党人像他们一样使第三任期问题被强化，他们倾向于忽略这一问题，替代之，他们通过强调在世界大战之时不可缺少罗斯福的经验以反驳对方。这令共和党人很难回答，于是，他们就不去评论这种经验是否需要或者必要，也不说是罗斯福还是威尔基能担此重任，而是回避这个问题，通过强调第三任期的危险性来为自己找平衡，而毋论第三任期的当选者是否有战时经验。

这就引发了我们即将讨论的话题，即人们对选举的参与热情有多高。

第五章　参与大选

　　既然已经明确了两党的社会结构和意识形态，我们还需要介绍另外一种方法用以描述人们的特征，以便于在后期全面讨论选战宣传的效果。

　　在选战中被引导的人们就像一场表演的观众，他们参与的程度不同。例如，在收音机节目的听众中，有些人打开了收音机却根本没听内容，也许他们仅仅是等着即将播出的自己所喜爱的节目；也有一些人正相反，他们全神贯注地收听节目；也有许多人的参与程度介于两者之间。伊利县人民和全国人民一样不同程度地触及选战。根据人们在心理上卷入总统大选前的政治事件的程度，有必要建立某种指标以帮助我们将受访者分类：他们对选战有多大**兴趣**？

　　在研究的整个过程中，我们收集了测量受访者兴趣的各种指标。我们仔细研究了所有相关指标的内在关系，以决定哪一种是最好的测量方法。[1] 通过分析所得出的结论是，受访者的自我评价是衡量其兴趣的最好的指标。问题就是："你认为自己对即将到来的大选是十分感兴趣、一般感兴趣、稍微有点兴趣还是根本不感兴趣？"受访者的回答比我们做的任何测试更加接近于其参与政治事件的情况。所以，我们以他们的话为准，基于他们对这些问题的回答，把受访者分成三组：高度、中度（一般和较低）以及无兴趣。

这听起来有点天真，实则不然。人们对兴趣的自我评价能够在一系列连续有效的测试下保持并不奇怪。感兴趣是一种清晰可辨的经验，就像任何人都会知道在鸡尾酒宴会上谁在兴高采烈地讲侦探故事，或谁在无聊地掉眼泪一样。给我们任意两个活动，我们都能辨别出自己对哪一个更感兴趣。在访问中，这个问题被问了 5 260 次，仅有 62 人回答"不知道"，只占全体受访者的 1.2%。换言之，这个问题对每个人来说都合乎情理，并且几乎每个人都有现成的答案。

更进一步说，如果自我评价是合理的，那么对兴趣的分类就可以和其他活动——可以被合理地归入"感兴趣行为"之下的活动——联系起来。事实上，我们发现对大选具有较高兴趣的人有以下表现：（a）他们对大选问题有更多的看法；（b）他们更多地参与了大选活动；（c）他们比其他人更多地接触了政治传播。

为了更好地表现这种特点，我们再次采用了形成简单累积指数的方法，这是在第三章末讨论政治既有倾向时介绍的。顺便提一句，这些指数包含了在研究的不同阶段获取的信息，从而体现了重复访问方法的一种优点。[2] 利用这些指数回答以下问题：在意见广度、参与大选和对宣传的总体接触上，兴趣程度不同的人有什么区别？随着兴趣程度的下降可以看出：（a）在观点性的问题上，"不知道"的回答出现得更加频繁；（b）在选战中参与和活跃的指数越低；（c）对政治传播的接触越少。（见图5—1）

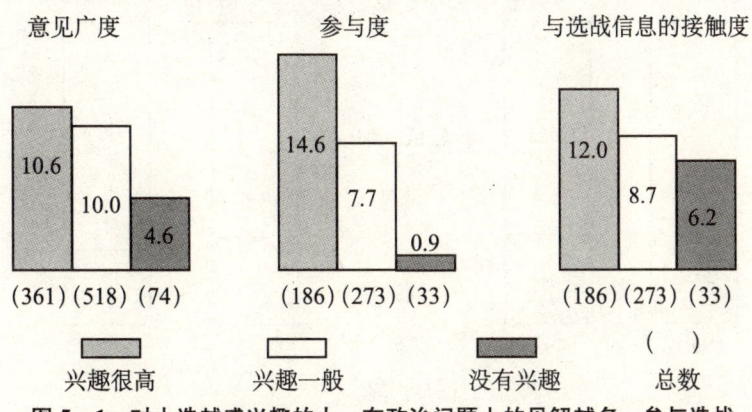

意见广度	参与度	与选战信息的接触度
10.6　10.0　4.6	14.6　7.7　0.9	12.0　8.7　6.2
(361)　(518)　(74)	(186)　(273)　(33)	(186)　(273)　(33)

■ 兴趣很高　□ 兴趣一般　■ 没有兴趣　（ ）总数

图 5—1　对大选越感兴趣的人，在政治问题上的见解越多，参与选战活动越活跃，接触的选战宣传越多。

＊ 原书数据如上图所列。——编者注

这是因为，在受访者的自我评价和我们所称的"兴趣集合体"（interest complex）的其他部分之间存在适当的关系，因此，兴趣等级是有效的分类方法。为了使读者更熟悉这些在之后将起重要作用的兴趣程度，我们先进行一些初步的应用。

谁对大选感兴趣

统计结果仅仅能够用来回答前面的推测。我们所能想起的第一种可能就是经济地位和兴趣之间的关系，贫穷意味着选民对大选没什么兴趣或者他们已经产生的兴趣由于不断失望而面临消失的危险，因此，我们推测在较低 SES 等级上的人对大选不太感兴趣。正规教育当然也是兴趣产生的一个直接动因，但由于经济地位和受教育程度高度相关，所以要正确评估两种要素，我们必须同时研究它们对选民兴趣的有效影响。

受教育程度和 SES 等级在促使选民产生和保持政治兴趣方面似乎具有大致同等的重要性（见图 5—2）。在两方面都高的群体中，约三分

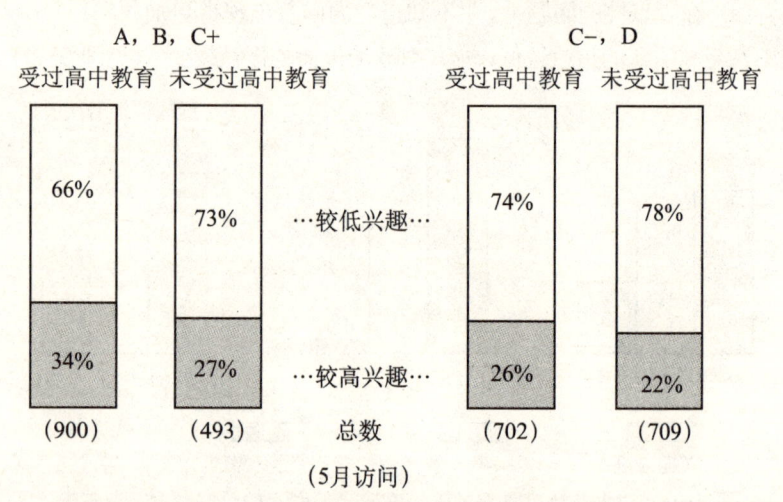

A, B, C+			C-, D	
受过高中教育	未受过高中教育		受过高中教育	未受过高中教育
66%	73%	…较低兴趣…	74%	78%
34%	27%	…较高兴趣…	26%	22%
(900)	(493)	总数	(702)	(709)

(5月访问)

图 5—2 SES 等级和受教育程度都对选民对大选的兴趣产生影响。没有受过教育的贫穷选民表现出极低的兴趣度，而富有的、受过教育的选民其兴趣最高。两个中间群体表明，在大选中，SES 等级和受教育程度对选民兴趣的影响几乎是相等的。

之一的人表示对大选有极大兴趣；当两项都低时，比例下降到约五分之一。当两项因素都处于中等程度时则可以互相补充。

乡村和城镇地区的选民之间的兴趣差别并不像闭塞的农民根据自己的刻板成见所预期的那样大。约有30%的城镇人口和23%的务农人口，或者说在城镇有不到2 500人认为自己对大选有最高的兴趣。这可能是伊利县的独特现象。桑达斯基城镇中心的居民和其周围比邻农场的居民在大体上并没有差别，因为桑达斯基并不是大都市；另一方面，其周围的农村地区高度发达。

在为年龄所起的作用定性时，我们必须控制受教育程度这一因素。过去几十年，国内的总体教育程度有极大的提高。结果，年轻一代的受教育程度平均高于老一代。因此，为了评估年龄的影响，我们必须在至少两个教育层面上分开考察。

在每一个教育层面上，老年人对大选都比年轻人表现出更高的兴趣（见图5—3）。这个结果不能轻易忽视。年轻人回避政治事件是我们所期望的吗？这一现象使政治生活更具稳定性，但同时也可能使之丧失了活力和热情，从公民改进的立场出发，这一点是令人遗憾的。无论如何，

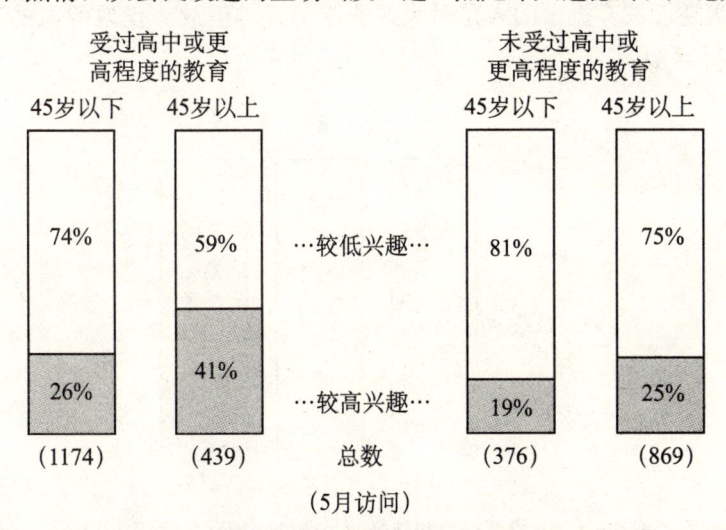

	受过高中或更 高程度的教育			未受过高中或 更高程度的教育	
	45岁以下	45岁以上		45岁以下	45岁以上
…较低兴趣…	74%	59%		81%	75%
…较高兴趣…	26%	41%		19%	25%
总数	(1174)	(439)		(376)	(869)

(5月访问)

图5—3[3]　老年人比年轻人对大选的兴趣更为浓厚。这种不同在受过良好教育的人群中十分明显，而在未受过良好教育的人群中也清晰可见。

美国与欧洲在这方面的区别非常明显,在战前欧洲的政治运动中,青年人非常活跃。

有一种普遍的观点认为,女性对政治的兴趣比男性要低。我们的数据证实了这种说法。在5月的民意测验中,有33%的男性,但仅有23%的女性表示对大选非常感兴趣。

简言之,对大选最感兴趣的人往往生活在城市地区,存在于具有较高受教育程度和较高社会—经济地位的男性,以及老龄群体中。

对选战的最低程度的参与——不投票者

关于选民对大选的兴趣的严格测试是针对他们真实的投票行为的,在1940年,伊利县有81%的高投票率。这在我们的固定样本组中已经完美地反映出来,最后被访问的511人中有82%表示他们确实参加了投票。

不投票者中的最大部分确实存在于兴趣程度最低的人群中,对大选没有兴趣而放弃投票的人是对大选非常感兴趣但放弃投票的人的18倍(见图5—4)。

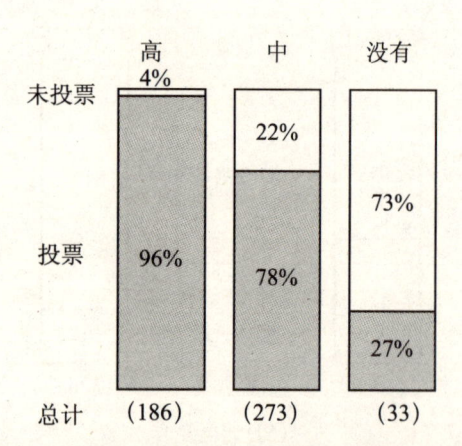

	高	中	没有
未投票	4%	22%	73%
投票	96%	78%	27%
总计	(186)	(273)	(33)

图5—4 不投票行为和选民对大选的兴趣程度密切相关。

在民主国家,不投票是一个严重的问题。因此,值得近观这些不投票者。他们中的大多数是**故意**不投票者；10月，在大选前的最后一次访问中，有29%的选民打算投票并且知道该把票投给谁，7%的选民打算投票但不知道该投给谁，64%的选民不打算投票。换言之，根据选民自己的陈述，有三分之二的不投票者是故意的，是预先就想好的。在其他群体中也会有类似这样预先想好的不投票者。

在那些没有实践之前的投票意图的人中，只有一半有正当的理由：他们病了或者弄错了登记规则。另一半是因为对大选不感兴趣，他们给出的理由完全不可信："忙于分拣苹果了"，"在投票站等候的人太多了"等等。

有些人在最后一刻也没有决定如何投票。他们中有一半是因为对候选人喜恶参半，所以最后决定干脆不投票。另一半在一连串的访问记录中表现出相当低的兴趣度，而且他们也没为自己的不决定投票提供多少解释，因此用故意不投票来形容他们最恰当不过。另一方面，在选民群体中，有一些故意不投票者并非因为对大选没有兴趣，而是因为他们认为两个候选人没有区别，或者认为投票对目前的社会问题于事无补。

最后的结果是，有四分之三的不投票者故意避开大选是由于对大选完全不关注。这使不投票者的问题在整体上变得清晰了一些。仅有一少部分人是在最后紧急的一刻才回避了大选。故意不投票者在选战过程中逐渐产生更多兴趣的可能性非常小，他们不投票的决定是非常持久的。应该通过广泛的公民教育使这些人走进政治生活，我们在未来的研究中需要揭开他们缺乏兴趣的本质。

如果我们更进一步地分析数据，对问题会有更多的理解。也许是一些主要的个人特征在起作用。但在故意不投票的人中，受教育较多和较少的选民之间所存在的不同，完全能够从兴趣的角度解释。

一旦兴趣程度保持不变，受教育程度不会造成更大区别（见图5—5）。随着兴趣的降低，故意不投票者增多——但如果一个人对大选感兴趣，他的投票将和受教育程度无关。而另一方面，如果他对大选不感兴趣，可能无论如何也不会投票。

在处于不同SES等级、不同居住地、不同年龄和宗教关联的选民中都有相似的情形，但单就受访者的性别来说，我们的研究结果却有惊人的不同（见图5—6）。

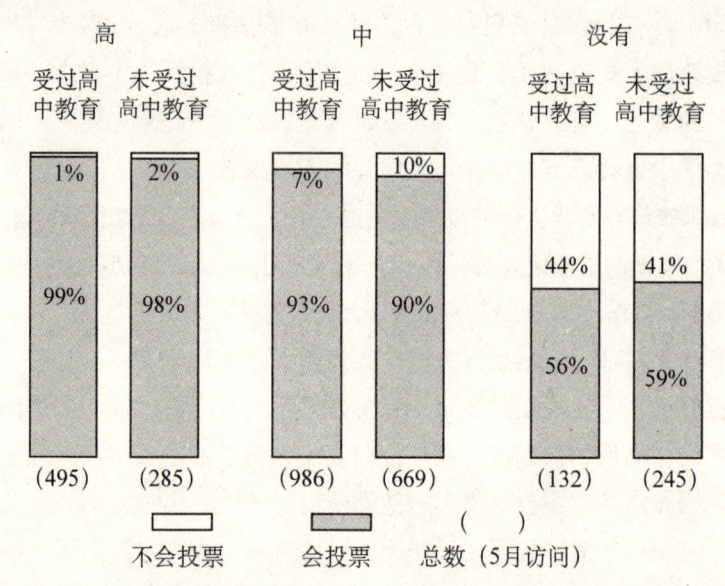

	高		中		没有	
	受过高中教育	未受过高中教育	受过高中教育	未受过高中教育	受过高中教育	未受过高中教育
不会投票	1%	2%	7%	10%	44%	41%
会投票	99%	98%	93%	90%	56%	59%
总数	(495)	(285)	(986)	(669)	(132)	(245)

□ 不会投票　■ 会投票　（ ）总数（5月访问）

图5—5[4]　一旦兴趣程度保持不变，受教育程度对不投票者几乎没有影响。

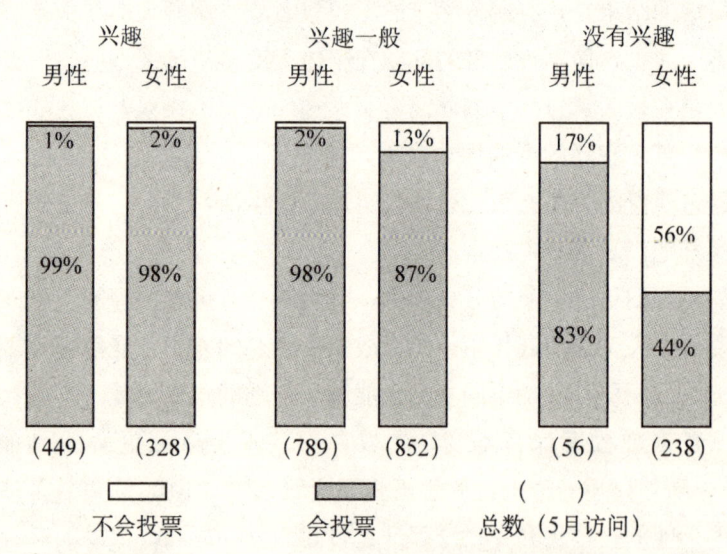

	兴趣		兴趣一般		没有兴趣	
	男性	女性	男性	女性	男性	女性
不会投票	1%	2%	2%	13%	17%	56%
会投票	99%	98%	98%	87%	83%	44%
总数	(449)	(328)	(789)	(852)	(56)	(238)

□ 不会投票　■ 会投票　（ ）总数（5月访问）

图5—6　尽管兴趣稳定不变，性别却是影响不投票行为的唯一的个人特征。男人更加公民化，而女人更理性：如果她们不感兴趣，就不会去投票。

性别差异仅属于个人特征方面的差别，它是**独立于个人的兴趣**来影响不投票行为的。一个群体对大选的兴趣越低,其中的故意不投票者在女性中的比例就越高。如果一个女人对大选不感兴趣,她就觉得没什么理由投票,而一个男人尽管对大选"没有兴趣",但出于社会压力,他仍会去投票。女性不仅感觉不到大选的强制力,而且她们中的一部分实际上把这种冷漠看作是一种美德。这种想法并不少见:

"我不关心投票,那是男人们的事情。"

"我觉得男人应该去投票,女人就应该在家做她们自己的事。"

"我绝不去投票,将来也不去……女人的义务就是在家……把政治留给男人们吧。"

换句话说,虽然早在 25 年前,法律就不再限制女性参与政治,但女性在政治上仍然没有把她们自己放在与男性平等的位置上。她们在观念上的改变滞后于法律本身的改变。

总之,要想努力扩大政治参与度,就必须克服人们对时事的普遍冷漠,这对一部分人来说尤其必要。然而,此外,人们也必须努力驳斥一种观念——在这一点上大家都会同意——即"公共生活是男性的领域"。

对选战的最高程度的参与——意见领袖

不投票者表现出了对政治的低参与度。而在总统选战中的那些最活跃的人——"意见领袖"——则表现出了高的参与度。通过一般观察和许多社区研究,我们发现,在每个领域和每个公共问题上,都会有某些人最关心这些问题并且对之谈论得最多,我们把他们称为"意见领袖"。

通过询问人们在具体问题上会向谁征求建议,并且调查建议者和被建议者之间的相互作用,我们可以很好地识别和研究一个社区中的意见领袖。很明显,在涉及像目前这样的样本研究中,如果可能的话,程序设计是非常困难的,因为很少有相关的领袖和"跟从者"刚巧被囊括在同一个样本中。然而,通过一种替代性的方法,我们能够在我们的固定样本组中识别意见领袖和跟从者,而无须把他们直接地互相联系起来。

大约在选战中期,我们问了受访者两个问题:

"近期,您试图劝说过某人接受自己的政治观点吗?"

"近期,有没有人在政治问题上向您征求建议?"

所有在其中一项或两项回答"是"的人——占整个群体的21%——被定义为意见领袖。通过对他们在一系列访问中的反应以及对某些群体中的客观角色进行连续的检测,我们证实了这种识别的有效性。简言之,意见领袖代表着社会中活跃的那部分人——确切地说,是在一些次级社区中活跃的那部分人——他们试图影响社区中的另一部分人。

关于这最后一点,需要强调一个重要问题:意见领袖同社区中的社会名流、最富有者和公民领袖并不是一回事(见表5—1)。

表5—1　　　　意见领袖和其他人在各种职业中的比例

职业	人数	意见领袖(%)	其他人(%)
专业人士	17	35	65
业主、管理者	28	25	75
牧师	21	33	67
推销员、销售员	16	44	56
技能工人	37	35	65
半技能工人	31	32	68
无技能工人	47	23	77
农民	46	15	85
家庭主妇	230	13	87
失业者	13	15	85
退休人员	23	35	65

总的来讲,意见领袖表现出更高的政治敏感。仅有24%的"跟从者"表示对大选有很大兴趣,而有61%的意见领袖如此评价自己。这同样表现在人们对政治传播的接触方面:在每一个兴趣程度上,意见领袖都比非意见领袖读到或听到更多的选战材料(见表5—2)。更进一步说,即便那些认为自己对大选持"一般"或"较低"兴趣的意见领袖所读和所听的选战材料,也比认为自己"非常感兴趣"的非意见领袖要多。此外,他们比其他人更多地谈论过政治。在10月的访问之前,

90%的意见领袖和自己的同事谈论过选战之事,而在其他人中只有58%这样做过。

表 5—2　　　意见领袖和其他人在正式媒介和交流中的接触指数

	兴趣盎然		兴趣寡然	
	意见领袖	其他人	意见领袖	其他人
报纸	15.8	12.3	14.8	6.6
广播	14.6	12.3	13.0	7.6
杂志	20.6	14.1	15.8	4.6

在所有重要方面,意见领袖都是对选战事件反应最灵敏的。[5] 在本书的后一部分,我们将回头讨论意见领袖在选战过程中的作用。

既然我们明确了大选中的兴趣因素,这一点在以下的章节中将被经常用到。现在,我们可以转向那部分处于关注中心的人:在选战过程中形成最终投票意图的人。

第六章 做出最后决定的时段

人们可以在选战的任何阶段做出决定。然而，很多传统的政党选民早在选战开始很久之前就知道自己将要投票给谁。尽管我们不知道15年后大选的论题和候选人是谁，但现在预测在1960年大选时南部选民将投票给哪个政党是可能的。其他选民则在政党的特定任期中做出决定，即在下一次大选时，他们是否要支持他们的政党和现任总统。很多人在5月，甚至在候选人还没有被提名之前就知道11月将把票投给谁了。

根据选民做出最后投票决定——他们在余下的选战时间里一直坚持此决定，直至进入投票站——的时间，我们把他们划分为三类，对固定样本组的访问允许我们对此做出区分。

"5月选民"：这些"选战前的决定者"在5月就知道投票给谁了，他们在选战中坚持了自己在第一次受访时回答的选举意向，一直到11月真正投票。他们的投票的最后决定时段是在5月。

"6月—8月选民"：这些选民在全国代表大会期间（我们在8月进行了全国代表大会后的第一次访问）决定了要选举的候选人，并在接下来的选战中坚持自己的选择，到了11月时按当初的决定进行了投票。他们的最后决定时段是在6月、7月或8月。

"9月—11月选民"：这些选民直到选战的最后数月，甚至有些人是在选举日当天才明确地做出决定。他们的最后决定时段在9月、10月或11月。

这几组选民有什么重要区别？为什么有些人在选战还没开始就做出了决定，有些人则是在选战开始的前一段时间做出决定，还有一些人直至选战末期才做出决定？

本章的分析着重介绍影响选民的最后决定时段的两个主要因素。第一，那些最后决定时段滞后的人们对选举的**兴趣更低**。第二，在选战后期才做出最后决定的人们受到了**更多的多重压力**。我们谈的"多重压力"，是指影响投票决定的多种相冲突和不和谐的因素。在选民所处的环境中，某些因素可能影响他倾向于支持共和党人，而其他因素又影响他倾向于支持民主党人。换言之，作用于选民的多重压力驱使他走向两个相反的方向。

兴趣与做出决定的时段

人们对选举越感兴趣，他们明确决定如何投票的时间越短。约有三分之二对选举非常感兴趣的选民在5月就已经做出了决定，而只有不到一半对选举不太感兴趣的选民在5月做出决定（见图6—1）。[1] 仅有八分之一非常有兴趣的选民等到选战后期才决定如何投票，而对选举不感兴

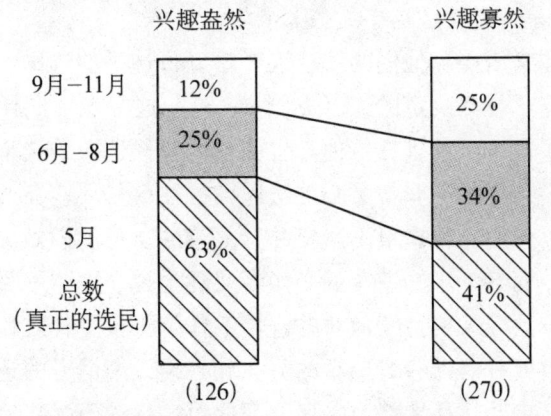

	兴趣盎然	兴趣寡然
9月—11月	12%	25%
6月—8月	25%	34%
5月	63%	41%
总数（真正的选民）	(126)	(270)

图6—1 对选举感兴趣的选民要比那些不感兴趣的选民提前做出决定。

趣的选民延迟至后期做出决定的人数是前者的两倍。

对选举不感兴趣而滞后做出决定时段的倾向同时存在于两个政党中（见图 6—2）。但在每一个兴趣程度上，民主党人做出决定的时段都滞后于共和党人。

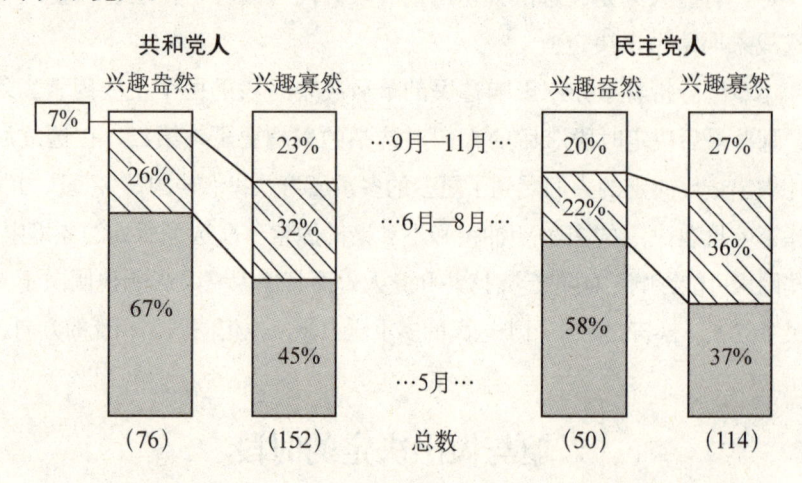

	共和党人			民主党人	
	兴趣盎然	兴趣寡然		兴趣盎然	兴趣寡然
9月—11月	7%	23%		20%	27%
	26%	32%		22%	36%
6月—8月					
5月	67%	45%		58%	37%
总数	(76)	(152)		(50)	(114)

图 6—2 这对两党选民来说都是事实：越感兴趣，做决定的时段越早。

在把决定时段拖延到选战后期的群体中，也呈现出一些其他迹象：有些人对选举的兴趣在逐渐消退。

在这一点上，受访者被问到，他们是否"非常渴望"看到自己的候选人当选，是否尽管希望"我支持的候选人当选"但也"没什么大不了"，或者说是否觉得"这事无关紧要"。

那些"非常渴望"他们的候选人能够赢得选举的选民，是那些在选战早期就做出了投票决定的人（见图 6—3）。这个理由同样促使他们在早期就选出了候选人并且支持他，也使他们对候选人的选举情况十分关注。而对选举结果并不非常关心的选民，往往就是那些在选战后期才做出决定的人。他们觉得这事不紧要并且等着朋友替他们做出决定。随着选战的进行，回答"不知道"的受访者实际上也会说"不关心"。

因此，选战经理要持续面对的宣传工作，不仅要针对那部分逐渐减少的选民，也要针对那些对选举的关注和兴趣逐渐消退的选民。在选战末期，选战经理要尽最大努力去赢取那些对选举最不感兴趣和参与最少的人的选票。

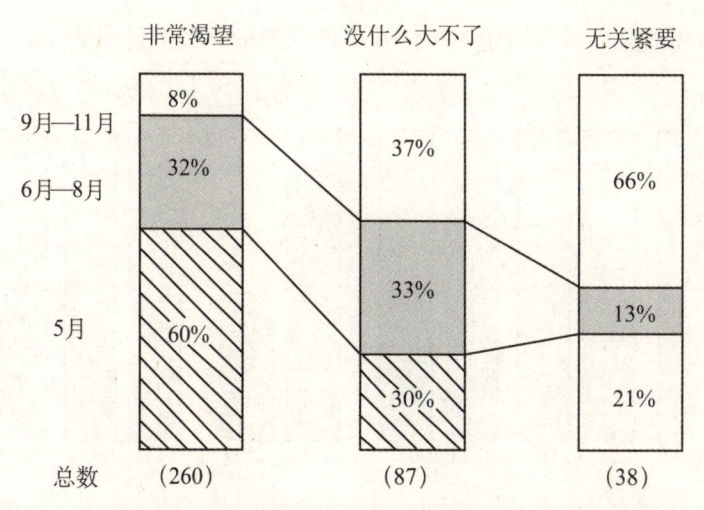

	非常渴望	没什么大不了	无关紧要
9月—11月	8%	37%	66%
6月—8月	32%	33%	13%
5月	60%	30%	21%
总数	(260)	(87)	(38)

图 6—3 "非常渴望"他们的候选人能够当选的选民在选战初期就做出了最后的投票决定。不太关心谁会获胜的选民做出决定的时段则滞后。

多重压力与做出决定的时段

在第三章中，我们指出了区别共和党人和民主党人的若干因素。其中的每一种因素都可以被视为作用于选民做出最后投票决定的"压力"。我们发现，新教徒倾向于投票给共和党，而天主教徒更坚定地投票给民主党。我们还发现，处于更高的 SES 等级的人倾向于投票给共和党，而贫穷的人则倾向于投票给民主党。换句话说，投票决定可被理解为多种压力的最终效果。

如果这些个人因素向反方向作用会出现什么结果呢？例如一个既很富有又是天主教徒的人，他该如何决定呢？再例如一个属于贫民阶层的新教徒呢？互相冲突的影响因素中的哪一方会占上风？承受这种相冲突和反作用影响的人们就被称为处在多重压力下的人。

这种相互冲突的压力越均等，选民做出决定的时段就越长。我们举出 6 个关于多重压力的例子来说明这些压力对延迟选民做出决定的时段的效果。前 3 个例子涉及选民的个人特征，另 2 个涉及选民和他们身边的其他人的关系，最后一个涉及选民基本的政治态度。表现多重压力延

人民的选择 50

迟选民做出最后投票决定时段的效果的这 6 种类型可见图 6—4。

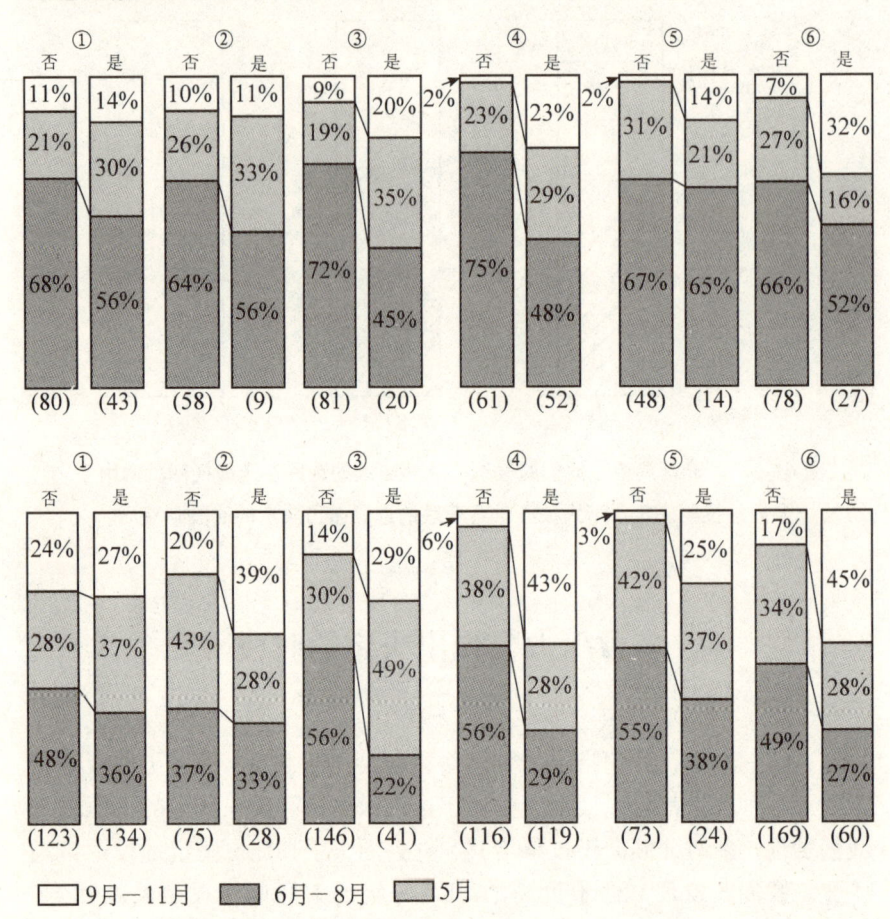

图 6—4 处在多重压力下的人们延迟了做出最终投票决定的时段。这无论对兴趣盎然还是兴趣寡然的人来说都是正确的。多重压力的影响在每组柱状图中都有显示。

①宗教关联和经济状况的政治影响不同 *
②实际的和自我定义的社会状况不同
③1936 年与 1940 年人们投票不同
④家庭政治偏好的分歧
⑤对倒向"另一方"政党的倾向是否关注
⑥从商与从政经历的重要性同政党关联相矛盾 * *

　* 贫穷的新教徒或富裕的天主教徒
　* * 认为候选人需要具有从政经历的共和党人（威尔基没有）或认为候选人需要具有从商经历的民主党人（罗斯福没有）

(1) **宗教和 SES 等级**：我们已经提过第一组多重压力。处于低 SES 等级（C-和 D）的新教徒和处于高 SES 等级（A、B 和 C+）的天主教徒都要面对多重压力。

(2) **职业和身份认定**：在 11 月的访问中，受访者被问及他们把自己定位为哪类社会群体——大商业者、小商业者、劳动者等等。尽管大多数人都把自己定位到其职业所属的阶层中，一些半技能工人和无技能工人却认为他们属于商业阶层，少数白领认为他们属于劳动者。因为商业群体支持某一政党而劳工群体支持另一政党，选民的客观职业和他们主观的身份认定之间就会产生多重压力。

(3) **1936 年与 1940 年的投票**：大部分人——当然不是全部——在两次总统选举中投票给相同的政党。在 1936 年和 1940 年两次选举中转变的选民——主要是那些在 1936 年选了罗斯福但在 1940 年却选了威尔基的人——可以被看作是克服了传统。他们要比那些在所有的近几次选举中投票给相同政党的选民经受更多的心理阻碍。

(4) **选民和他的家庭**：我们看到，美国家庭在政治上高度团结，同一家庭中的成人们的投票取向相同。但有时，受访者的家庭成员会和受访者的态度不一致；有时，家庭的其他成员还没有做出决定。在任何一种情况下，受访者都会处在两位家庭成员的观点或者他自己与至少一位其他家庭成员的观点不一致而产生的多重压力下。

(5) **选民和他的同伴**：朋友和家庭一样，都会营造一种政治环境，这种环境或是融洽的，或是不和谐的。在 10 月的访问中，受访者被问及他们是否注意到周围人投票意图的转变。那些注意到倾向于支持威尔基的共和党人和意识到对罗斯福的态度有明显转变的民主党人都处在和谐的环境中。他们看到周围的人和自己的偏好一致。但那些意识到倾向于朝相反政党转变的少数人则会和同伴之间产生冲突压力。

(6) **1940 年的投票意图和对从商和从政经历的态度**：最后，多重压力可能存在于选民的投票意图和他对大选的基本问题的态度之间。在 10 月的访问中，受访者被问及他们对以下问题的态度：对于一个总统来说，从商经历和从政经历哪一个更重要？大多数具有共和党投票意图的人希望总统有从商经历，而大部分倾向于投票给民主党的人希望他们的候选人有从政经历。然而，仍会有一些人的态度和他们的投票意图相冲突——共和党选民中认为总统有从政经历更重要的人和民主党选民中认为总统有从商经历更重要的人。这种不吻合就会产生一定程度的多重压力。

多重压力的影响

无论冲突性压力的来源是什么，是来自于社会状况或者阶层身份的认定，还是来自于投票传统或者同伴的态度，相同的结果是选民延迟了做出最后决定的时段。如图6—4所示，处于多重压力下的选民要比其他受多种相互增强的因素影响的选民做出最后决定的时段滞后。在我们确定的所有多重压力中，唯一最能有效影响选民延迟做出选举决定时段的因素，来自于家庭内部的不一致。

为什么人们在多重压力下会延迟他们做出最后投票的决定？一方面，轻易做出决定对他们来说很困难，因为他们投票给两个候选人都有恰当的理由。有时，这些理由完全平衡，这就需要考虑第三种因素以做出决定。无法确信哪一种决定更好——投票给共和党还是投票给民主党——加之自我争论的过程，便会使这些人延迟做出最后的投票决定。

另一方面，承受多重压力的人之所以延迟做出最后决定的时段，是因为他们在等着某些事件的发生可以解决这种冲突性压力。在个人特征的冲突中，几乎不可能有办法解决这一问题，但在其他情况下，也许有可能调和利益上的冲突。人们在选战中可能期望劝服家庭的其他成员以达成共识，甚至，他们会找一切机会让家人把自己融入他们的所想中去。而家庭成员也经常那样做。或者，他在等待选战中发生某些事件，以使自己做出一个基本的决定。尽管在态度上存在一致的倾向，但有时这种冲突是解决不了的，直到选民真正投票时，他们仍会被多重压力制约着。

　　冲突性压力使选民进入"公平游戏"中，这对于两党选战经理来说都是有利的，因为选民对每个政党都有了解。他们受到一些因素的影响，促使他们投票给共和党，同时可能会受到同样强度的其他因素的影响，促使他们投票给民主党。

　　从这一特殊观点来看，大量的选战活动，在选战末期看来，对两党来说都是很好的投资——在某种程度上能全部见效。我们将回想起那些最后才做出决定的人，即那些认为选举对他们来说影响最小的人。如果选战经理和候选人能够明确他们的想法，使其认为选战对他们**将**产生影响，其效果可能比在某个问题上不断争论更明显。有一种假设就是，个人或政党如果能够使犹豫不决的选民确信选举对他自身的重要性——在他的具体需求方面——就能够赢得他的选票。

兴趣与多重压力

　　兴趣和多重压力之间有怎样的内在关系？想到争论经常使问题变得振奋人心，我们可能期望那些很难做决定的人能够更多地参与和关注选举。但那样就会忽略对人们基本的调节形式的考虑。当人们对某一行为过程的需要和回避处于同等程度时，他们通常不是决定支持或是反对，而是转换话题或者完全避免这些问题。对于很多兴趣上的冲突，走出令人不舒服的境况的最简单的办法就是削减其重要性，并认为这种冲突不值得费心而放弃它。[2]

　　因此，承受多重压力的选民愿意把整件事看得很轻。他们通过对选举失去兴趣来逃避任何现实的冲突。他们在哪一方候选人能够获胜上没有明确的偏好，对结果也就相对漠不关心。选举对他们来说重要性更低，他们的兴趣也更少。而没有多重压力的选民对选举表现出最高涨的兴趣，多一项多重压力就意味着多一部分对选举缺少兴趣的人。随着多重压力的增加，选民的兴趣度则递减（图6—5）。

多重压力的数量

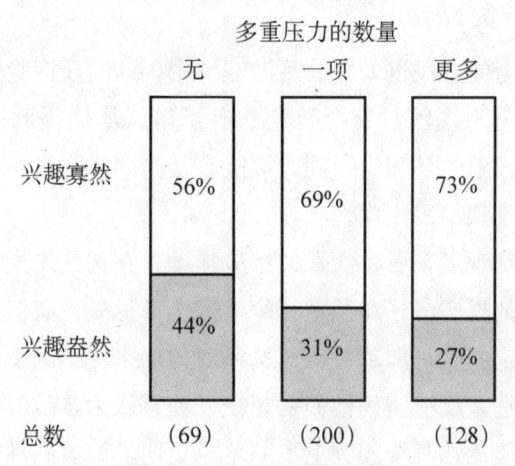

	无	一项	更多
兴趣索然	56%	69%	73%
兴趣盎然	44%	31%	27%
总数	(69)	(200)	(128)

图 6—5　随着多重压力的增加，选民对选举的兴趣度降低。

假定这两种因素之间是反比例关系，那么它们的共同作用会如何影响选民做出最后决定的时段呢？是一个比另一个更重要吗？

当然，那些最先做出决定的人是**能够**在决定的过程中遇到的困难最少并且最有动力这样做的人，即那些在选举背景中不存在或者仅存在一项多重压力并对选举非常感兴趣的人（见图 6—6）。他们中约有四分之三的人在 5 月就已经知道 11 月该怎样投票，而只有 7% 的人等到选战的最后几周才最终决定投票意图。另一个极端是承受两项或更多项多重压力并对选举不太感兴趣的人。他们中仅有四分之一早在 5 月就做出了决定，而整整有三分之一的人在选战的最后阶段才做出最终决定。

受到一种有利于提早决定的因素的影响，同时又受到另外一种不利因素影响的人，即那些受到多项多重压力却对选举具有较高兴趣的人和那些没有或有一项多重压力但对选举的兴趣较低的人，他们的情况会怎么样呢？这两种人在做出最后决定的时段上没有区别，换句话说，当两种因素——兴趣和多重压力——同时向相反方向作用时，它们的强度是均等的。

没有或仅有一项多重压力的选民　　有两项或更多多重压力的选民

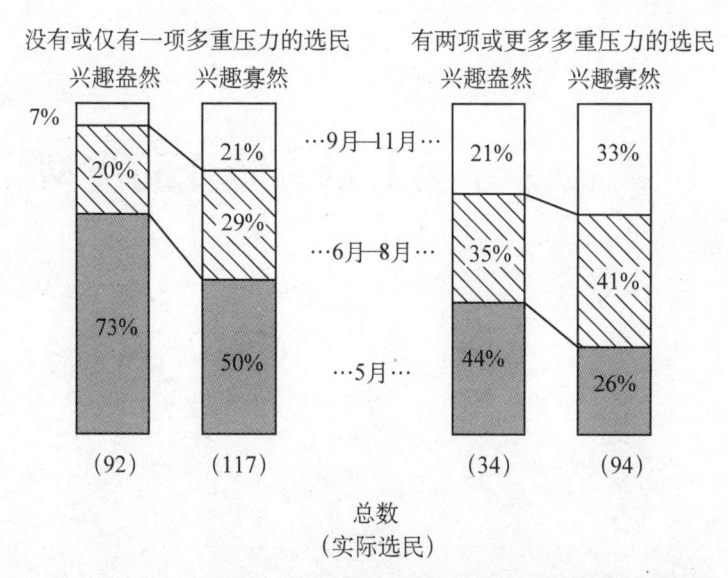

兴趣盎然	兴趣寡然		兴趣盎然	兴趣寡然
7%	21%	…9月—11月…	21%	33%
20%	29%	…6月—8月…	35%	41%
73%	50%	…5月…	44%	26%
(92)	(117)		(34)	(94)

总数
（实际选民）

图6—6 承受多重压力和缺乏兴趣都会导致选民做出最后决定的时段滞后。它们共同的作用尤其强，而如果分别作用，两个因素表现出的作用强度相同。

用这些定量的陈述并不能完全阐释多重压力和缺乏兴趣之间的对比。选民们在对这个问题的回答上也有定性的区别。如果选民处于简单的环境下，免于多重压力，他们对选举的兴趣就会决定其多久能做出选择。此时，他们对选举的认知和对自己"自然"状况的认知是并行不悖的。如果选民恰巧承受多重压力，他们对选举的兴趣就会起到一些不同的作用。如果他们对选举的兴趣不是很强烈，他们就会忽略整件事而并不会感到特别不同。抵制多重压力最消极的行为就是根本不去投票，这些人中大多都没有投票。对选举强烈的兴趣能够使他们克服回避问题的心态并对选举保持期望，但心存顾虑的选民自身会对事情犹豫不决，并和自己的朋友争论不休，直至选举日才做出决定或者借助某些偶然的事件设法使决定达到平衡。强烈的兴趣会**如此**促使人们做出决定，而缺乏冲突性压力会促使人们**支持**某一个政党。

第七章　转变的类型

　　人们延迟做出最后投票决定的时段,或者因为他们对选举没有足够的兴趣而无法做出明确选择,或者因为他们对两方候选人都有赞成的因素而处于两难境地。但对他们来说,延迟做出决定的过程是不一样的。一些"不知道如何投票的人"直到选战的某一刻才明确决定投票给谁;一些人在选战早期就决定了支持某一候选人,而当他们不确定或者倾向于另一候选人时,就会有一段犹豫期,但最终会回到最初的选择上;还有一些人则从支持一个政党转变到支持另一政党。简言之,这些直到正式选战中某时才做出决定的人在形成最后投票决定的方式上是不同的。根据这种情况,可以把转变者分为三类[1](数据是以全体选民为整体得出的百分比):

　　28%的逐渐明朗者(Crystallizers):他们在5月还没有投票意图,后来才决定支持某一政党。从"不知道"到支持共和党的占14%,从"不知道"到支持民主党的占14%。

　　15%的摇摆者(Waverers):他们在最开始有投票意图,随后发生偏离(要么转向"不知道",要么转向另外的政党),后来又回到他们最初的选择。他们中的大部分都是从支持一个政党转到"不知道",最后还是支持原来的政党(占11%:其中共和党人为5.5%;民主党人为

5.5%),另外一些摇摆者是从支持一个政党到支持另一个政党,但最后还是支持原来的政党(占4%:其中共和党人为1%;民主党人为3%)。

8%的政党转向者(Party Changers):这些人在最开始有某个投票意图,随后发生了改变,转而支持另一个政党,并且在选举时也为其投票。其中有2%从支持共和党转而支持民主党,有6%从支持民主党转而支持共和党。

现在我们可能注意到,逐渐明朗者和大部分摇摆者的转变仅牵涉某一政党,另一部分转变者持"不知道"的态度。而另一方面,所有的政党转向者和一部分摇摆者都曾于不同的时刻分别支持过两方的政党,他们的转变是在不同时间支持不同的政党。换言之,选民中39%的转变只牵涉一个政党,仅有12%牵涉两个政党,或者说,从5月到11月,把投票意图限定在一个政党内的选民占88%,仅有12%的选民的投票意图不时涉足两个政党。

在那些偏离最初选择而无法做出决定的摇摆者中,有82%的人回到了原来的选择,并认为它更适宜。但那些曾转变为支持其他政党的摇摆者就没有很快回来,他们中只有32%支持了其最初选择的政党。也就是说,如果一个人是因为犹豫不决而偏离了初衷,他基本上都会回到最初的想法,但如果是因为支持了对手而偏离初衷,他就很难再回头了。

做出最后决定的时刻与转变者

随着选战的进行,什么类型的转变者仍有被说服的可能,是被说服一次还是一直被说服?

三种类型的转变者——逐渐明朗者、摇摆者和政党转向者——都是在5月以后才做出最后决定的,但不是同时。实际上,逐渐明朗者比其他两类转变者做出决定的时间要早,有68%在8月之前已做出决定,而同期只有48%的政党转向者和46%的摇摆者做了决定。

但摇摆者——那些偏离了最初所支持的政党但最后又回到原来的选

择并为其投票的人——构成了一个特殊的群体，因为正如我们上面提到的，摇摆者也分为两个不同的类型：那些在同一政党上拿不定主意的人和那些在两个政党间跳来跳去的人。如我们所知，这种摇摆的"幅度"对他们做出最后决定的时间以及兴趣和多重压力的影响都非常重要。拿不定主意的摇摆者做出最后决定的时间要早于在政党间游移的摇摆者（在8月时为57%：14%）。如果我们把转变者分成两组：一政党转变者（逐渐明朗者和拿不定主意的摇摆者）和两政党转变者（直接的政党转向者和在政党间游移的摇摆者），我们会发现在选战中，对两个政党都曾有过投票意图的人所做出决定的时间要比那些只在投票给一个政党和拿不定主意之间变化的人做决定的时间更长（见图7—1）。约有三分之二的两政党转变者直至选战末期才做出决定，而约有三分之二的一政党转变者在8月就已经做出决定。选战进行到最后几周时，那些仍然在做决定的人相对来说就是那些在早期处于相反阵营的人。

一政党转变者	做出最后决定的时间	两政党转变者
35%	…9月—11月…	62%
65%	…6月—8月…	38%
(149)	总数	(145)

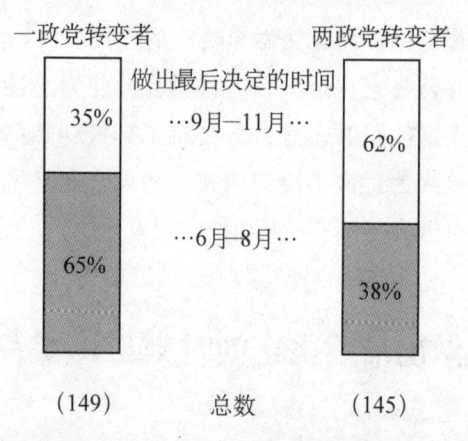

图7—1　仅在投票给一个政党和拿不定主意之间变化的人要比那些在两个政党之间变化的人做出决定的时间早。

兴趣、多重压力和转变者

对于这些以不同的方式做出最后决定的选民群体来说，兴趣和投票背景中的多重压力在选举中起怎样的作用？是这两种影响因素促使这些选民产生区别的吗？[2]

事实是清楚的。从稳定者到一政党转变者再到两政党转变者，选民对选举的兴趣逐渐下降而多重压力逐渐上升。在选战中改变立场但并没有同时涉足两个政党的人，介于稳定者和两政党转变者之间。换句话说，一个人对选举的兴趣越高，所承受的冲突性的压力越小，他就越倾向于早做决定，并且一次定型，后期不会发生改变（见图7—2）。如果一个人对选举的兴趣度越低，承受的多重压力越多，他就比那些稳定者犹豫的时间更长，次数更多，但他至多是怀着"不知道"的态度，而不会站在另一方阵营上。只有那些对选举的兴趣很低而同时承受着很多冲突性压力的选民才真的会在两个政党间摇摆。[3]

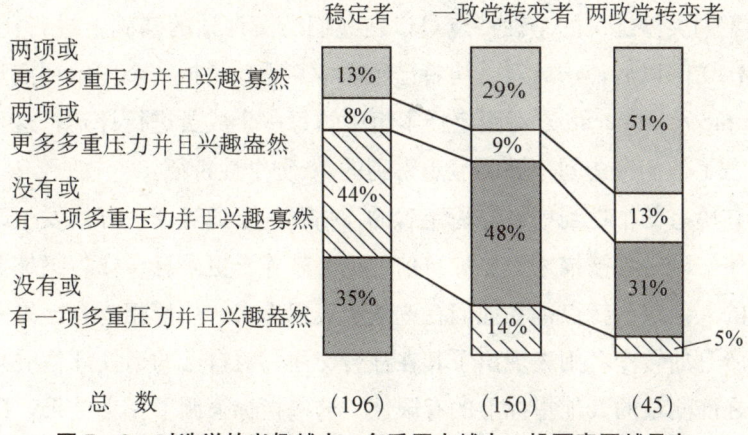

	稳定者	一政党转变者	两政党转变者
两项或更多多重压力并且兴趣寡然	13%	29%	51%
两项或更多多重压力并且兴趣盎然	8%	9%	
没有或有一项多重压力并且兴趣寡然	44%	48%	13%
没有或有一项多重压力并且兴趣盎然	35%	14%	31%
			5%
总数	(196)	(150)	(45)

图7—2 对选举的兴趣越小，多重压力越大，投票意图越易变。

这说明了两政党转变者的现实状况：他们是那些被两方左右的人，也是那些对选举没有足够兴趣，以至于无法排解施加在他们身上的冲突性压力以及无法经过深思熟虑明确做出决定的人。相反，他们在选战的过程中在两政党之间游移。他们不仅在做出最后选举决定的时间上滞后于其他组的选民，而且就算他们做出了决定，就像我们将看到的，也很可能被他们所在环境中的某人改变看法。这些在某种意义上才有的、在整个选举中完全改变的人是：对选举兴趣最低、对结果最不关心、对正式媒介传播的政治信息最不关注、最后才做出投票决定的人；也是最终最容易通过人际交往——这个在选举中不是问题的"问题"——被劝服的人。

简言之,政党转向者——相对来说,是那些直到选战最后阶段尚未做出明确决定的人,以及那些在最后几天还在候选人之间摇摆的人——可以说是在选举日之前能够被改变的最后一批人。有一种观点是完全错误的,那就是认为在竞选期间能被选举中的论争说服的、改变政党的人多是理性、善于思考而谨慎的。事实上,恰好相反。

转变者的个性特征

不同类型选民的个性特点可以在我们访员评估的基础上进行比较。第四次访问以后,访员对受访者已经非常熟悉,依据一个图示评定量表(graphic rating scale)对固定样本组中的每一个成员进行评定,这种量表涵盖了他们在访问中被明显观察到的 10 种个性特征。

在所有的个性当中,对稳定者的评估要优于通过任一方式发生改变的选民。稳定者被描述为更加自信、更有教养、更乐意合作、兴趣更加广泛的人。这些特点都和他们在选战中表现出来的热情相吻合。另一方面,所有的转变者则表现出了其在社会交往、对自己的个性评估的兴趣以及之前测量的其他指标上的有限性。这些指标强调了一项结果,即选战本身之所以要有成效地开展,就是为赢得那些对选举的兴趣最低、参与最少、目光狭小而采取"回避"态度的选民的选票。

摇摆者通过"公平思想"这一项较高评估而被区别开来,这种思想直接源于他们的犹豫和保守。另外,摇摆者由于情感不平衡而更感到痛苦,比如更不开心和缺乏自信。众所周知的一种心理状态就是这种不安会导致人在并不直接与痛苦相关的某一范围内挣扎。

对政党转向者的评估表明,我们必须把选民转变的方向纳入考虑的范畴。并没有哪种个性特征可以清晰地辨认出政党转向者。在个性上,和原来所属的政党相比,政党转向者要更加拥护其转向后的政党。我们可以看到，这一发现对其他社会变量来说也正确。

转变者的易变性

如果多种因素足以转变人们的想法一次，也许它们也会使这些人发生一次又一次的转变。事实确实如此，在某一特定时刻，以前曾转变投票意图的选民更容易再次发生转变。在整个选战中，仅仅38%的态度转变者（占所有选民的19%）却制造了59%的转变。多样的转变集中于相对少数人身上可以通过另外的方式加以说明。每次访问，我们都能把选民分成两组：当时发生任何转变的人和并没有发生转变的人。发生转变后在下次访问中又发生转变的选民是那些没有发生转变的选民的3倍。

这种易变性仅代表着兴趣和多重压力的影响的扩大化。那些很难辨别两党优点，并且在选举中没有足够兴趣推动自己做出明确决定的选民更容易受到选战的影响，并因此更加易变。

对转变者的描述

所有的转变者都在6月到11月之间做出了明确决定。但他们在不同的时间受到了不同的影响。对转变者的第一个影响发生在6月，当时法国沦陷。参与欧洲战争在民主党中引起了强烈的反响。而已经在6月做出选举决定的人之中，有三分之二打算选民主党。主要是因为他们认为在欧洲危机处于紧要关头的背景下，华盛顿需要一个有经验的政府。

在共和党全国代表大会之后做出决定的选民，很大程度上被威尔基所吸引，尽管在民主党全国代表大会之后，做出决定的选民更平均地分布在两党之间，但倾向于共和党的那部分要更多一点。总的来说，全国代表大会帮了共和党的大忙。一方面，共和党人召开了引人注目的全国代表大会，威尔基成为黑马，杀出重围；另一方面，民主党全国代表大会因为打破美国先例，提名已是第三任期的候选人，而被看成是处理不当且无聊的会议。结果，选民们被共和党而非民主党的全国代表大会和其提名人所吸引。最后，在全国代表大会期间，从支持一个政党到转变为支持另一个政党的选民中，没有一个人提到其转变是因为政党的政治纲领或者副总统提名人。第三任期和候选人本身成为影响选民发生转变的主要原因。

在选战的最后几周里，没有其他大事件能够同法国沦陷以及政党全国代表大会的影响相比。在最后阶段，两党得到的选票分配基本均衡。下面，我们将讨论影响选票分配的过程。

第八章 激活效果

在上一章中,我们将选举过程中转变投票意图的各类选民加以区别。但是,他们所做出的决定的**本质**是什么?为什么他们以投共和党人或民主党人的票告终?在此,我们介绍研究的一项主要成果。尽管人们为选择一条更理性的道路而犹豫不决、考虑和充满想象,我们经常可能在一开始就能预测到他们最后的决定是怎样的。掌握他们的个性特征,我们就可以准确了解他们最后如何投票:他们加入所属组织的行列。那么,选战要做的就是激活他们的政治既有倾向。

让我们首先分析那些被我们称为逐渐明朗者的选民所做出的决定。他们在 5 月第一次接受访问时还没有决定投票给谁,到选战后期才做出选择。他们的政治既有倾向可以从第三章的 IPP 指数中看出。选民们既定的投票习惯可以揭示出他们的 SES 等级、宗教信仰和居住地三个要素与其投票意图之间的高相关度。我们想起,如果一个人是天主教徒,居住在桑达斯基,并处于较低的 SES 等级,他就会非常倾向于投票给民主党。当同样的三项因素正好相反时,人们就会具有强烈的共和党既有倾向:富有的农民新教徒会投票给民主党。

现在假设将该指数应用于逐渐明朗者,即那些在 5 月还没有做出如何投票的决定而后期才做出选择的选民。10月，在带有共和党既有倾向的人中，约有三分之二决定投票给共和党，在带有民主党既有倾向的人中，约有四分之三决定支持民主党人（见图 8—1）。[1] 因此，根据一个简单的三个因素的指数，我们可以很肯定地预测出选民自己所无法预见的结果。对此的解释是很明晰的。可以这么说，政治选战所做的，并不是要促使选民在已有意识的基础上形成新主张，而是要促使其肯定自己旧的见解。政治选战之所以重要，是因为它们能够**激活**选民潜在的既有倾向。因此，我们要着重分析，在**激活**的过程中都发生了什么。

带有共和党既有倾向的
逐渐明朗者　　　带有民主党既有倾向的
逐渐明朗者

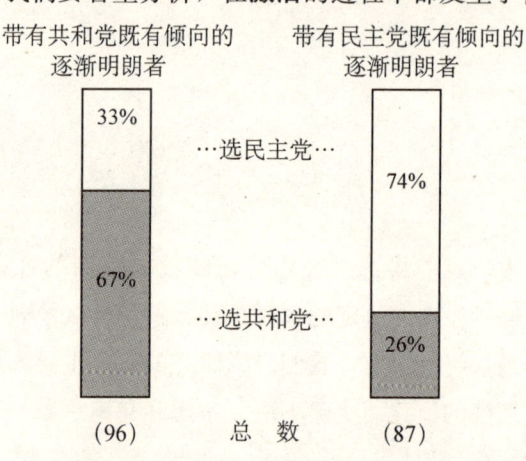

33%
…选民主党…
74%

67%
…选共和党…
26%

（96）　　　总　　数　　（87）

图 8—1　政治既有倾向可以通过 IPP 指数来测量，并允许我们预测那些当初没有做出决定的选民在随后的投票决定。

激活过程

也许通过一些类比能够让我们了解激活这一概念的含义。拿一张照片来说，从显影剂最开始起作用，使之模糊地呈现影像，到最后通过整体鲜明的对比，底片才能被冲洗出来，而显影剂对照片的内容并没有影响。另一个例子是，孩子们常常把一张纸放在硬币上，硬币的结构决定了纸上所显示的影像。如果硬币表面没有什么图案，影像就不可能显现。另外，如果在纸上画阴影，纸张的轮廓就会凸显出来。选战宣传的作用就像是显影剂和铅笔画出的阴影，能促使选民既有倾向的可视化，它能将选民潜在的政治倾向转化成明显的投票行为。

政治传播的激活力量有两种：第一，通过正式媒介，如报纸、杂志、广播等大众传媒带来的各种阅听资料；第二，通过直接的人际影响，以后我们将看到它要比广泛的宣传更重要。对此的分析将在另一章进行。此处，我们主要关注正式宣传所显现或激活选民的潜在倾向的途径。

激活的四个阶段

正常的激活过程有四个连续阶段。在此我们先概述它们，然后再逐一详述。

（1）**宣传唤起注意**：随着选战声势的增长，原本不感兴趣的人也开始对之投放注意力。因此，宣传力度的增加能够引起改变。

（2）**兴趣增大引致接触增多**：随着人们开始了解选战，被唤起的注意力会引导他们开始阅听周围的信息。选民的主动性在这一阶段变得明显，但是其间的关系是循环的，上升的注意力带来了对信息的接触的增加，进而又唤起了他们的兴趣和注意力，从而再次增加了他们对信息的接触等等。

（3）**注意是选择性的**：随着兴趣的不断上升，选民开始意识到所发生的一切，他的既有倾向也开始起作用。面对诸多宣传，他开始选择。选民往往会偏爱某些节目，或者更喜欢参加某种会议，或者更容易理解某个演讲。这种选择性注意强化了他对选战的既有倾向。在这个阶段，主动性完全掌握在预期的选民手里，而不是在宣传者手里。无论做怎样的宣传，人们的选择性注意决定了他们的反应。[2]

（4）**选意确定**：最后，选民在思想和感觉中的潜在倾向都被激发出来，选民便有足够充分的理由做出决定。倾向明确后，不确定感就消失了，选民也就做好了投票的准备。

宣传唤起注意

随着伊利县铺天盖地的政治宣传，层层障碍被打破，选举走进了每个人的注意范围。尽管有一部分人不为之所动，但从伊利县整体来讲，选战的开展提高了人们对大选的兴趣。从5月到10月间，表示对选举不感兴趣的受访者从13%下降到7%，非常感兴趣的从28%提高到38%(见图8—2)。

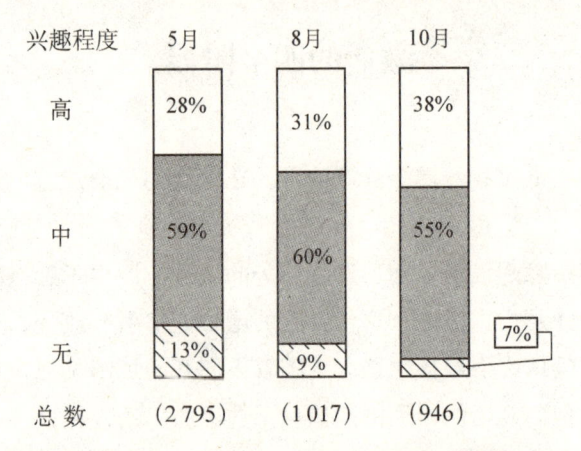

兴趣程度	5月	8月	10月
高	28%	31%	38%
中	59%	60%	55%
无	13%	9%	7%
总数	(2 795)	(1 017)	(946)

图8—2　随着选战的开展，人们对选举的兴趣持续增长。

如果我们不可能更详细地研究接触宣传和兴趣程度间的关系，那我们只能把兴趣的普遍上升归因于选举日的临近。在此将详细解释一种方法，因为在研究中我们将多次用到它。只有在重复访问同一个体的基础上，我们才可能仔细分析社区中到处遍布的影响与在选战期间的意见转变之间的关系。

让我们首先分析在8月表示对选举有中度兴趣的人。我们知道了这些人在8月到10月间读到或听到了多少政治宣传，在第五章描述的总体信息接触指数中对此有所表述。在此，我们把对选举有中度兴趣的人分成两组——接触信息高于平均水平的一组和接触信息低于平均水平的一组。(尽管可以有更好的分类办法，但这种方法简便并能使样本的数量足够大。)

在8月到10月间，这两组选民的兴趣水平发生了怎样的变化呢？

在8月时对选举的兴趣都处于中度水平的人,到10月时,有的人兴趣增长了,有的人则下降了。他们接触宣传的数量使他们在对选举的兴趣上产生了重要的区别(见图8—3)。

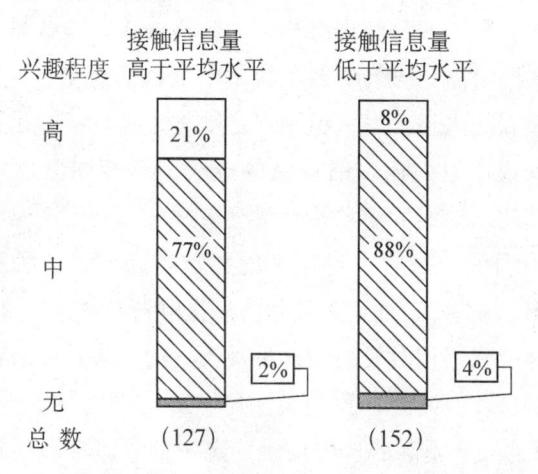

	接触信息量 高于平均水平	接触信息量 低于平均水平
高	21%	8%
中	77%	88%
无	2%	4%
总数	(127)	(152)

图8—3 本图只分析在8月时表示对选举有中度兴趣的人。那些在8月—10月阅听选战材料高于平均水平的人比那些低于平均水平的人具有更高的兴趣度。

在接触的宣传信息量高于平均水平的人中,有21%从中度兴趣上升到高度兴趣,在接触宣传信息量低于平均水平的人中,仅有8%上升到高度兴趣。兴趣的上升并非由于时间因素,因为对两组来说,该因素是同等的。我们也不能把10月份这种兴趣度的改变归因于两组的兴趣初始程度不同,因为在比较之初,他们对政治的关注都同样地处于中度(要略微考虑到我们量表的不精确阶段)。实际是由于在8月到10月期间对大量信息的接触,导致了这些选民在10月对选举的兴趣程度的极大提升。 (我们在一项较早和更长期的相似比较中——从5月到8月——得出了相同的结论。)

兴趣提高引致接触增多

一旦兴趣提高,人们就开始主动寻找信息。我们在第五章已经看到，对选举有较高兴趣的人也更愿意接触大量宣传信息。但是我们能够因此指出选民对大量信息的接触是由于他们对选举的兴趣度的提高吗？重复访问使对此的解释成为可能。让我们再次回顾这一方法。

我们从在5月到8月间接触相同的政治选战宣传材料的成对的几组受访者开始。两组高，两组中高，两组中低，两组低。8月，每对中的一组表现出极高的兴趣，另一组则对之缺乏兴趣。问题是：对于成对的两组受访者来说，他们在以前接触的选战信息相同但是对选举兴趣不同，在这一期间，他们的信息接触量会怎样？

8月到10月间，每对中对选举的兴趣越高的组，所阅听的选举信息越多（见图8—4）。5月到8月间信息接触量高的几对在8月到10月间的信息接触量仍然相对较高，这种被预见的一般趋势从这个图的倾斜坡度上可以看出。但此处，我们关注每一对之中的柱形图之间的区别。8月，对选举的兴趣越高的选民接触的选举信息越多，在接下去的数月也如此。

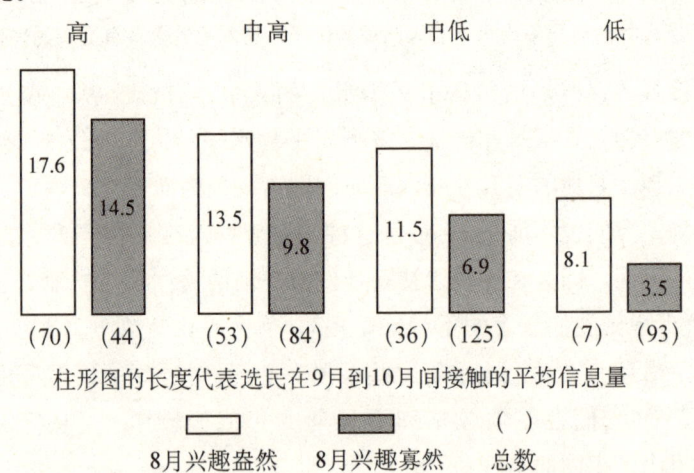

	高		中高		中低		低	
	17.6	14.5	13.5	9.8	11.5	6.9	8.1	3.5
	(70)	(44)	(53)	(84)	(36)	(125)	(7)	(93)

柱形图的长度代表选民在9月到10月间接触的平均信息量

□ 8月兴趣盎然　　■ 8月兴趣寡然　　( ) 总数

图8—4 四对柱形图区分了在选举前期接触信息程度不同的人。他们是根据其在8月时对选举的兴趣程度划分的。不管他们先前的信息接触水平怎样，在选战后期，对选举的兴趣越高的人阅听的选战材料越多。

这论证了激活过程的第二个特点，即一旦人们对选举的兴趣被激发，他们就会去接触更多的信息。实际上，两个因素是互相作用的。刚才描述的两个结论都是连续过程的一部分。宣传导致人们对选举的兴趣提高，从而使人们更愿意接触此后的宣传，如此循环。[3] 但正如我们现在看到的，在这个过程中，同一种宣传并不能到达所有的人。

注意是选择性的

在一个典型的美国总统选战中，有利于民主党人的宣传材料和有利于共和党人的宣传材料之间往往不能完全平衡，但想了解特定一方的人还是经常能够找到相关的材料（1940年伊利县的此种情况将在第十三章中描述）。但信息的提供在事实上并不需要与人们对信息的接触完全对等，事实上也并不对等。人们根据自己的爱好和想法选择政治材料。甚至那些尚未做出决定的人也会去接触那些符合自己还未意识到的政治既有倾向的宣传。

这一点很容易证明，那些在8月还没有明确投票意图的人可以根据其政治既有倾向指数分为两组：他们的社会特点令其倾向于民主党人的一组以及倾向共和党人的一组。别忘了，这些人还没有决定他们该如何投票。接下来，我们观察他们接触政治性传播信息的情况，但我们采取的方法与此前有所不同。让我们感兴趣的并不是人们接触信息的程度，而是人们接触带有哪一种**政治色彩**的宣传材料。我们把人们阅听到的所有演说、杂志文章和报纸报道根据其政治内容分类。因此，我们可以根据受访者接触哪类信息而将他们划分为亲共和党、亲民主党或者中立者（最后一种是指受访者没有阅听任何材料，或者他的注意程度在两政党间是平衡的）。

在那些尚未做出决定的人之中，如果他们的经济地位、宗教信仰和居住地都具共和党人特征，他们通常会设法阅听共和党方面的宣传（见图8—5），而在经济状况、宗教信仰和居住地三方面倾向于民主党的人中，他们接触民主党方面的宣传是接触共和党方面的宣传的3倍。

共和党既有倾向　　民主党既有倾向

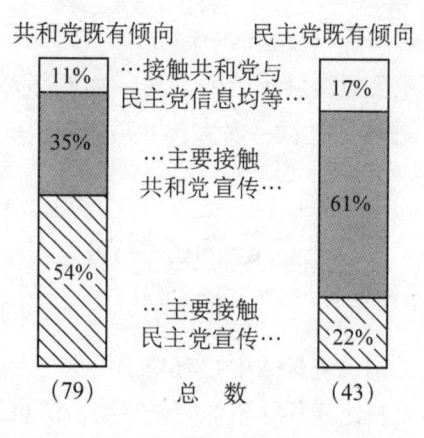

```
        11%                           17%
                ···接触共和党与
                民主党信息均等···
        35%
                ···主要接触
                共和党宣传···         61%

        54%
                ···主要接触
                民主党宣传···
                                      22%
       (79)        总　数           (43)
```

（8月未做出决定的人）

图 8—5　对那些尚未做出决定的人们来说，他们的背景决定了其支持某一政党的倾向，而他们也就乐于接受这方面的宣传。

　　造成这种区别的因素至少有两种。其一是选民本身接触的外部因素。如果选民居住在乡下，接触的是农业杂志，他们就更倾向于共和党；如果他们居住在城市，听的是那些赞成劳方、赞成民主党工友们的谈话，倾向性则相反。环境决定了受访者的阅听内容。

　　另一个因素就是选民本身尚未意识到的心理既有倾向的影响。一个人与其所在的经济、宗教和社区群体中的其他人共同拥有诸多经历，他只乐于注意其中的一些事情。选民设法选择那些短暂的、刺激的信息流，通过这些信息，他们更易于被劝服。因此，他们阅听到的信息越多，就越容易相信自己观点的正确性。由此，引导我们了解最后一点——做出最终决定。

选意确定

　　经过生理功能的整合，人类适合从事活动。思想和感情可能出于自身的缘故偶尔被人们培养，但它们经常指导人们的行动。政治激活过程的正常结果就是刺激投票行为。正如我们所见，这个过程一般要经过三个时期：(1) 人们对选战的意识和宣传的存在使他们对选举的兴趣得以提升；(2) 兴趣的产生促使人们采取寻求更多信息的行为，并促生了他们在任何时间注意一切可接触信息的主动性；(3) 选民的既有倾向控制着他的注意力，即促使他寻找可以接受的信息。那些政论写手们的工作就是要给"理性的"人们提供充分的可接受的理由，促使他们精心做出选择，这种选择更有效地被潜在的社会联系所决定。在某种程度上，沿着这条路线，能够获得令人满意的结果。一个人被说服了，其选择也就被有意识地完成了。

从心理学角度讲，做出决定的行为可以结束内心的斗争。一个价值观和忠诚体系——例如，民主党——一旦运作起来，就会产生一种行动路线。另外一套体系则涉及（共和党）观察和感觉选战的不同方式。只要选民的决定还处于保留状态，这两套体系都可能被认为是有效的，甚至一些选民从一套体系转变到另一套体系。但人们被推动着投票，却继续在两方之间游移，对任何一方都不确定而感到为难，做出决定就意味着放弃自己到决定时刻都坚持的根据另外一套体系形成的思想、感情和行动框架。

我们已经知道受访者阅听到的争论是怎样越来越符合社会群体的期望的。争论到了最后决定阶段更像是**一种指示器而不是影响**。就像沿街的布告牌一样，它们指出了怎样转弯，才能达到已确立的目的地。因此，这在某种意义上是为了在第四个阶段的投票。政治既有倾向和群体的忠诚设立某一目标，所听所读则在一定范围内起到帮助的作用，有效指引选民朝着他们已经"选定"的目标前进。因此，最终的争论没有**劝说**选民采取行动的功能，而是选民为自己提供了动力。争论的功能是使选民们**确认**他们已经基本意识到的想要采取的思想和行动。投票活动不是在人们空白的心灵上书写的，它意在告诉人们他们的选票是正常的、符合逻辑的、或多或少地表露出已经和自己紧密联系的倾向。也许，一些例子能帮助我们更清楚地了解激活的四个阶段。

关于激活的一些例子

　　激活的整个过程相当复杂，我们的受访者自己可能不会意识到它。以下是从我们的访问中得到的关于政治既有倾向是如何表达出来的典型例子。这位受访者是一名新教徒，自己拥有商铺，并处于 SES 的 B 等级，居住在农村。在选举活动的最初几个月，他没有决定支持哪位候选人。他认为罗斯福曾经是一位非常好的总统，进行了多项重要改革，并且"带领我们避免了据说是威胁到整个国家的内部革命"。同时他又强调："如果时代不同，威尔基可能也不错。"但他的共和党既有倾向自然导致他接触有利于共和党的宣传。如此一直到 9 月，连续阅读一家公开支持威尔基的报纸使他和所处社会群体的其他成员达成共识："**既然他（威尔基）已经杀出重围，并且说明了他所支持的观点——防御是最重要的事情——那么我打算选他……我也赞赏他不干涉商业或者不用税收增加商业负担的提议。我一直在阅读《克利夫兰实话报》（Cleveland Plain Dealer）上刊登的威尔基的演讲稿。**"

　　另一种考察激活作用的办法，就是看同样的争论对不同背景的受访者意味着怎样不同的情况。支持威尔基的口号之一，就是他代表着优秀的美国穷孩子的理想。以下三段引文反映了威尔基对不同的人的不同意义：

　　已退休的富裕的铁路工头："他是一个**商人**，也正是因为这一点，他能使国家在经济上独立。罗斯福是个彻头彻尾的政客，并且我无论如何也不会选一个第三任期的候选人……"

　　贫穷的失业音乐家："威尔基是**向着穷人的**……我知道他曾经是一个贫穷农民的儿子，曾经辛苦工作，每天挤奶赚得 75 美分，我也知道他如何为穷人们说话。他是通过艰苦的工作而成为一家大公司的主席的……"

　　富裕的从事农业劳动的女性："我反对第三任期，并且自从我在《农场杂志》（Farm Journal）上读到威尔基的事迹，我非常肯定自己会选他。在做出决定以前,我一直在等待着两党的全国代表大会。当我看到**《农场杂志》**报道威尔基从一个穷小子起家到现在拥有**四个农场**,总价值达 88 000 美元的故事时,我被深深打动了。"

顺便提一句,根据选民对有影响的人或事的内心和主观的选择,这些刻板成见(Stereotypes)① 的社会功能可以被更好地理解。选战争论如果能够被解读出不同的含义就相当成功。这个最初谦逊的男人,最后取得成功,不得不提三个不同的因素:穷人会觉得他没有忘记他们,富人确信他会保护他们的利益,中间阶层的选民可能会着迷于其勤奋工作和节俭,这在他们看来是非常重要的。每个人都有可能流露出成形的和不成形的刻板成见。前者被很好地定义以致很有用。后者的内涵甚广,每位选民都可以根据自己的需要从中解读含义。

从我们的固定样本程序中可以得到关于激活的最后一个例子。我们对固定样本组的成员反复访问了六次,他们的兴趣因此上升了。固定样本组的选民的兴趣程度变得比控制组的选民的兴趣程度要高,并且他们自己也证实了这个结果。固定样本组的选民的真正投票的比例也要高于全县的平均比例。但是,选票的**分配**没有受到影响。访员们激活了一些不活跃的受访者的既有倾向,但并没有影响他们最后为两个政党投票的比例。

因此,人际关系也是激活选民潜在的既有倾向的手段。在没有直接探讨人际关系问题以前,让我们先来讨论选战的其他效果。

---

① 根据《兰登书屋韦氏大辞典》,"刻板成见"是指"一个社会群体所共同抱持的对某人、某群体等的简单化和标准化的认知或印象"。沃尔特·李普曼在其名著《公众舆论》中多次使用了这一术语。——译者注

第九章　强化效果

　　足够反常的是，选战宣传产生的一个主要影响是对选民的投票行为根本没有产生明显的影响——如果我们天真地以为后面的这个"影响"意味着选民的投票行为发生**改变**的话。5月，在选战开始以前，一半选民已经知道他们在11月该如何投票，而且也确实那样投票了。但那是否意味着选战宣传对他们丝毫没有影响呢？并非如此。对他们来说，政治传播使他们保持以前的决定而不是做出新决定。它通过使选民确信他们的投票决定使他们维持决定；它能够减少脱离组织的成员，具有强化人们最初的投票决定的效果。

　　强化的重要性显而易见，试想，如果主要传媒的政治性内容被某一政党垄断或者近乎垄断，可能会发生什么情况呢？在欧洲，极权主义者对传播控制的历史表明，在某种情况下，除非有十分顽固的人存在，否则对方的势力可能被削弱。在国内的很多地区，面对持续的敌对信息的猛攻，能够坚持自己政治观点的人相对较少。大部分人都想要——也需要——被告知他们是正确的并知道其他人和他们达成了共识。因此，两党应放弃冒着巨大风险的宣传，不要表现出单方面的偏见。就选民的数量而言，选战宣传的结果并不在于吸引更多的支持者，而在于防止那些本来有支持倾向的选民流失。

　　在真正的竞争中，无论两党所居何位——像他们在1940年的伊利县所做的那样，也像目前在全国的大部分地区所做的那样——对政党的忠诚都面临被侵蚀的危险。政党宣传——来自自己政党的——提供了大量的政治论据以减少选民的怀疑，并驳斥他们通过接触朋友或者媒体而得到的反面立论——简言之，就是要保护、稳定和巩固人们的投票意图并使其在最后转变为真正的选票。政党论争的传播流连续不断，使选民可以重新解释其他一些不确定的事件和反面立论，以至于人们不再处于无法确定或矛盾的为难困境中。例如，威尔基与公用事业的利益相关联，共和党人可能要受此干扰，认为威尔基的从商经验可能会使他比罗斯福更好地管理政府。同样，为打破美国传统的第三任期而感到不安的民主党人可能会通过提及处于世界危急时刻的总统必须具备处理外事的经验来使之合理化。（事实上，后面这种立论是很多忠诚的共和党人对关于第三任期的争论干扰的回应。）

　　提供新的论据并且重复对其所支持的候选人有利的已有论据能使选民打消疑虑，并强化其投票决定。他可能会摇摆不定，可能会怀疑自己选择的正确性。增强的论据是为了约束这种背叛的倾向。党徒确信自己是正确的，他会被告知为什么是正确的，他也会被提示其他人已与自己达成共识，尤其当他处于怀疑的状态时这通常会使他感到欣喜。总之，通过传播媒介进行的政治宣传，就是向人们提供恰当的政党论据，同时为已经归属过来的选民提供方向性、确定性和统合性。这种满足感能通过强化人们的最初决定而使他们达成"一致"。在很大程度上，保持政治观点的稳定性是强化传播的一项功能。

党派性、党派性接触与党派性的强化

　　关于1940年在伊利县进行的政党宣传的信息的可获得率有些失衡。更多可获得的信息是关于共和党的（见第十三章），但选民也能相当容易地阅听到民主党一边的信息。如果党徒接触的信息与各政党有效传播的分配相平行,他们就会形成反对对手的力量,尤其是民主党人。因此,强化就会造成进一步退一步的效果,这种效果是不确定的,站不住脚的。

但是,实际的信息接触不可能与信息的可获得率平衡。信息的可获得率与选民的既有倾向共同决定选民对信息的接触——既有倾向会引导人们选择那些与他们相一致的、支持他们原来立场的传播信息。更多的共和党人愿意听有关威尔基的宣传,而更多的民主党人愿意听关于罗斯福的宣传。选战传播的所有渠道——政治演说、报纸报道、新闻广播、评论、专栏、杂志文章——对每个人都是公开的,但对它们的接触往往是带有党派性的。选民这种对政党信息的接触导致了他们的政党立场的强化。[1]

总的来说,约有三分之二稳定的选民——那些从5月一直到选举日或者支持共和党或者支持民主党的人——设法比他们的对手阅听到更多的自己一方的宣传。[2] 他们中约有五分之一更频繁地接触了对方的宣传,其余的人在接触信息的过程中保持中立(见图9—1)。但——这一点很重要——一个人的党派性越坚定,他越可能拒绝接触对方的观点。兴趣越高、越关注自己候选人的选举情况的稳定者要比兴趣较低、不太关注

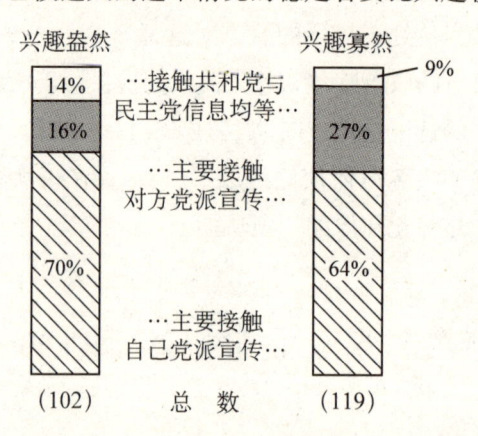

	兴趣盎然		兴趣寡然
…接触共和党与民主党信息均等…	14%		9%
…主要接触对方党派宣传…	16%		27%
…主要接触自己党派宣传…	70%		64%
	(102)	总 数	(119)

图9—1 人们对选举越感兴趣,越倾向于接触他们自己政党的宣传。此图仅以从5月到11月具有稳定的投票意图的人为例。

自己候选人情况的稳定者在接触信息方面**更**具党派性。这种对政党信息的接触只是强化了选民先前的态度。简言之，最具有党派性的人为使自己避免受到干扰而对对手的那些论据采取不关注的态度，取而代之的是，他们转向那些重申他们的最初选择是"明智和有效的"的宣传——这样，他们的决定又被强化了。

关于两党民主体制的一个假设就是，在两党的支持者之间存在大量的互动传播。这表明互动传播是公开的——通过传播媒介——但没有传播到两党中任何一方坚定的政党支持者的行列中。近年来，人们大量的呼声表达出在公众舆论市场上需要也有必要保证观点自由交流的良好意愿。这种呼声集中于表达和交流渠道的自由问题。现在我们发现，一旦那些观点的消费者在某一问题上做出决定，他们就会竖起高的壁垒来抵制外来观念。

被强化者描述的强化

政党支持者之所以成为政党支持者也有其原因，正式媒介为之提供这种理由并强化他们的党派性。在访问中，具有稳定投票偏好的受访者被问及他们为什么支持他们选择的候选人，他们的回答有时能够体现出这种强化的效果。

适当的宣传可以抵制人们对自己的决定是否明智而产生的轻微怀疑，取消决定的念头因此而停止。例如，一名年轻的已婚女性，她属于低收入的民主党人，她说："罗斯福在星期三晚上发表的演说，陈述了他的政府的情况。他提到很多我所不知道的事实——比如，在他的管理下，银行不再像以前一样失败。其他的我回忆不起来了，**但是我没有想到罗斯福完成了那么多事**。"最后一句清楚地表述了这位政党支持者对自己明显合理的决定的宽慰和满意。

相似的强化——事物总有另一面——在一位年轻的销售员那里表现出来，他处在 SES 的低等级上。1940 年他支持威尔基就像 1936 年他曾支持兰登（Landon）①一样。他实际的经济地位与他自我定位的小商业者阶层相冲突。他认为"罗斯福的政策尽管好，但我们并不需要"，他还说"我近期曾读过多篇关于罗斯福的文章，不是我认为的那样……在《全国商务》（Nation's Business）上读到关于全国劳资关系委员会（NLRB）②的介绍，基本观点都是正确的，但他们并没有深入地进行下去。**听起来罗斯福做了很多，实际上却不是。**"该男子的妻子和他在政治上有分歧。在这些多重压力下，他投票给共和党的意图可能并不确定，于是他转向商业刊物以确认自己的选择是正确的，出于论证的目的，他获取了充分的观点。如果没有这样的强化，该男子可能还会偏离共和党人。

但是一些受访者在开始并不只是存在轻微的怀疑，他们的疑虑足以使自己背离最初的选择，感到无法决定甚至想支持另一个政党，但最后他们又回到了自己最初的决定上。这些人是我们在前几章讨论过的摇摆者。媒介传播对他们产生重归原来决定的影响，并不比对那些虽有疑虑但从没离开过所属政党的人产生的影响少。正是前者需要**更多**的强化。

以处于SES低等级的年轻失业工人——一位"天然"的民主党人为例。起初，作为民主党的支持者，他支持罗斯福，因为"他给我们提供工作"，并且因为他会"遭到谴责，如果他知道"谁将在威尔基当选后获益。然而，因为第三任期的问题，他在8月份决定选共和党："两次足够了，其他人没有做到。"但接着，他听到了一些强化他的民主党既有倾向的论据："昨天听到洛厄尔·托马斯（Lowell Thomas）③广播

---

① 艾尔弗雷德·兰登（1887—1987），美国银行家、政治家。美国共和党成员，1933—1937年任堪萨斯州州长，是1936年美国总统大选中的共和党候选人，最终输给了富兰克林·D·罗斯福。——译者注

② 根据全国劳资关系法建立的一个三人行政机构。1947年，《塔夫脱·哈特利法案》将其成员增为5人，该委员会具有准司法权，其基本职能在于防止和纠正不正当的劳工行为、召集代表会议、听取意见以确定参加集体谈判的雇员代表等。——译者注

③ 洛厄尔·托马斯（1892—1981），美国记者、播音员。在第一次世界大战中作为战地记者，把在中东率领阿拉伯人反抗土耳其统治的英国人T.E.劳伦斯塑造成"阿拉伯的劳伦斯"的神话。自1930年起任美国全国广播公司和哥伦比亚广播公司播音员，1974年退休，1989年被收入广播名人堂。——译者注

说，**希特勒和墨索里尼希望威尔基当选。我可不想选任何纳粹的同盟。**"于是这位选民又回到了民主党的投票意图上，因为"此时此刻，我们需要罗斯福的经验，在当前的危急关头，我对没有经验的威尔基缺乏信心"。他又一次引用了他所钟爱的评论员洛厄尔·托马斯的话作为促使他改变的理由。

另一个显示强化效果影响的例子同样来自摇摆者：此人是一位有强烈的共和党既有倾向的银行副主席。5月时，他打算选共和党，但到了6月——德国攻占西欧之后——他开始不确定："我选择的出发点是谁能够使我们远离战争，这一点在我看来是最重要的。"但他的全部的态度和价值观，乃至同伴们，都强烈地倾向于共和党，以至于他的不确定是短暂的。到了8月，他又回到了原来的商业立场："首先，罗斯福的第三任期让我憎恶……**任何人（威尔基）如果能够让自己在联邦南方公司（Commonwealth and Southern）这样的大企业里获得成功的话**，他都会以商业的方式为这个国家做出贡献。我在《克利夫兰实话报》和《芝加哥论坛报》(*Chicago Tribune*)上读到关于他的相关文章。我也读过一本书《烟幕》(*The Smoke Screen*)，它让我想起了罗斯福在花纳税人的钱上是多么的挥霍无度！"

在诸如此类的评论中，我们发现了政党论争的强化功能：通过确证、定位、巩固原来的投票决定减少内部意见冲突的倾向，支持某些观点，抛弃另一些观点，抵制对原来政党态度的可能或实际的丧失，从而实现强化功能。

第十章 倒戈效果

选战宣传通过使人们认知和表达出其潜在的政治态度来激发他们。它还通过告诉人们最想看到和听到的信息，以强化这种态度。但是，选战宣传的第三种效果是什么？是倒戈吗？当人们说起报刊和广播的影响时，指的就是这些。人们确实能被选战的宣传说服而放弃他们原来的选择，转而支持对立的政党吗？或者说，他们会决定把票投向社会特征通常与自己相反的一方吗？倒戈发生的频率如何？它是怎样起作用的？

首先要说的是，有一些人因选战宣传倒戈了，但这些人**确实是少数**。我们已经知道涉及投票决定的相关因素，这使得这种情况的出现不足为奇。除了短期传播，若干因素都在影响中占据优先地位。这些因素或情况实际上会让各种群体避免受到倒戈的影响，因此也就限定了倒戈的作用范围。总的来讲，它们就像一个精美的政治过滤器，很少有人能够通过。正如下列总结所简要指出的，一系列已确立的行为模式限制着倒戈，并因此使之成为不寻常的经验。

限定1：有一半的人在5月就知道他们该投票给哪个政党，并且在整个选战过程中都坚持这种选择。他们是最不可能倒戈的人。

限定 2：对于那些在 5 月还没有做出决定的人来说，有一半在了解被提名者之后做出了决定并且在整个选战过程都坚持了这种选择。这些以候选人的情况为依据而做出选择的政党支持者同样也不太容易倒戈。

限定 3：在 70% 做出投票决定的人中，不管他们是不是较早地表现出了投票意图，都会和与他们的社会特征相似的群体的普遍投票倾向相一致。这些人的既有倾向根深蒂固，同样不容易因对手的选战宣传而倒戈。

限定 4：坚定的政党支持者把大部分注意力都放在选战的宣传上。换句话说，接触政治传播最多的人所持的政治观点也最稳固。因此，大量的选战宣传到达了最不可能倒戈的人那里。[1]

限定 5：接触政治传播最多的人接触得更多的是他们自己的政党宣传。因此，从党派性来讲，对宣传的关注也使得人们远离倒戈。[2]

总的来说，那些阅听得最多的人不仅对自己的政党宣传阅听得最多，并且由于其强烈的既有倾向，他们也是最不可能倒戈的人。反之，那些最容易倒戈的人——选战经理最想使宣传到达的那部分人——也是接触宣传最少的人。这些互相关联的事实集中地体现了倒戈的瓶颈。

虽然这些限定性因素大大地限制了倒戈的应用，但它们并没有完全消除倒戈。出于这个原因，让我们在正式媒介提供的选战传播的基础上明确指出发生的倒戈。为此，我们必须指出，接触政党宣传导致一些人背离了自己的既有倾向去投票。在上面概括的诸多限定下，这确实会发生（见图 10—1）。带有共和党既有倾向却接触了绝大多数民主党宣传的人，与那些带有同一既有倾向却接触了绝大多数共和党宣传的人相比，更多地把票投向了民主党。这对于那些带有民主党既有倾向的人来说，同样是适用的。在具有明确的既有倾向的人当中，接触了与自己的倾向相对立的宣传的选民在投票时与宣传保持一致而与他们的既有倾向并不一致。这样的人就在选战宣传的强大攻势下倒戈了。

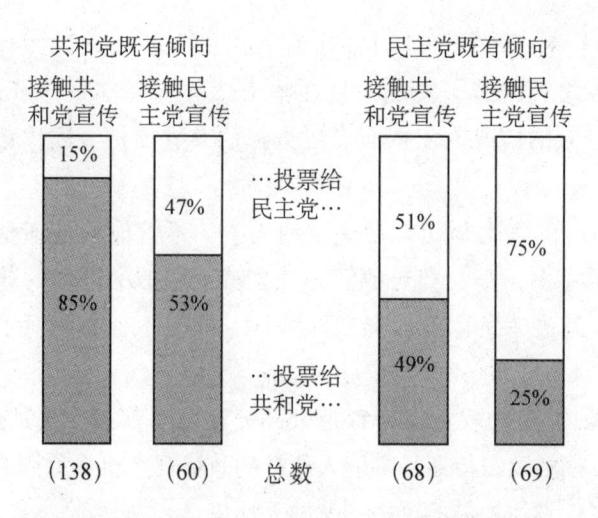

```
                共和党既有倾向              民主党既有倾向
            接触共    接触民           接触共    接触民
            和党宣传  主党宣传         和党宣传  主党宣传

              15%
                       47%    …投票给    51%
                              民主党…            75%

              85%
                       53%
                              …投票给    49%
                              共和党…            25%

             (138)    (60)     总数    (68)     (69)
```

图 10—1 接触政治宣传具有倒戈效果：带有共和党既有倾向的选民如果接触了民主党的宣传则更可能投票给民主党。对于民主党既有倾向的选民来说，结果也如此。

倒戈效果举例——第三任期议题

每一次选战都有其主要议题和争论，它们应该不仅是最"重要"的，而且在倒戈选民方面也是最有效的。1940 年，共和党的主要争论——可能也是整个选战的重要议题——是第三任期。它在促使人们态度转变乃至倒戈上取得成功了么？

自然的，几乎所有的共和党人在原则上都不支持第三任期，而大部分民主党人则对此表示赞同。但是这并不能说明争论在倒戈上的价值。为了表明争论对于倒戈的真正影响，我们必须建立严格的标准。我们说，第三任期议题可能倒戈并使其转而在 1940 年投票给共和党的仅是那些（1）1936 年投票给罗斯福的和（2）1940 年 5 月（即在罗斯福被提名之前）还不打算投票给共和党的以及（3）相信罗斯福是好总统的人。这些标准的应用大大限制了倒戈的范围，但同时也明确地限定了由争论施加的"真正"的倒戈影响。如果我们发现这些人把自己在 1940 年投票给共和党的原因归结为第三任期，我们就同意关于第三任期的争论对他们施加了"真正"的影响。

在整个选战过程中，在转而支持威尔基的所有人之中，只有 15 位符合所有这些标准，对民主党政策发自内心地同意。在选举日刚刚过去后对他们进行提问时，其中只有 9 位提到了第三任期问题是形成他们最后投票决定的重要原因。而只有 6 位表示第三任期是他们转向共和党立场的**唯一**原因。根据我们的标准，第三任期问题仅对这少数的几个人——共和党选票的 2%——产生了"真正"的倒戈影响。（这 6 个人并不全是"真正"的倒戈者，因为有 5 个是原本就同时带有共和党倾向的。因此，即使在这 2% 被认为第三任期争论对他们来说是"真正"有效的人中，也有部分人的意见是被激活的，仅有部分人是倒戈向共和党的。）

关于第三任期争论的有效性的一个明显例子——这个例子是对上文的概括——是由一位贫穷的木匠提供的，他是处于 SES 最低等级的天主教徒，显然带有强烈的民主党既有倾向。他在 1932 年和 1936 年都投票给了罗斯福（1928 年选了艾尔·史密斯）。为支持罗斯福的事业，起初他已经打算再次投票给罗斯福——但是"第三任期成为障碍"。当他在 8 月最终决定投票给共和党时，他对转变做出这样的解释："因为第三任期，我已经改变了想法。**我不赞成罗斯福竞选第三任期**。他想成为美国的第一位独裁者……**这是我第一次投票给共和党**。我投票给威尔基，尽管他夸夸其谈地做出了很多他无法实现的承诺。"

因此，在大众传播媒介导致彻底倒戈的范围内，有些问题需要重新定义。在此例和其他例子中，人们之前很少思考或者几乎不关注的那些问题，随着它们被选战宣传强调，它们呈现出了新的重要性。在这个方面，政治传播偶尔会瓦解传统的政党忠诚。

威尔基——穷人的斗士

第三任期对于共和党人来说是"天然"的议题。但他们面临的宣传问题是如何使处在 SES 低等级上的选民相信威尔基把他们的利益放在心里。共和党支持商业的传统以及威尔基在公用事业上的背景都使他在这方面处于不利地位。

一共有 14 位处在 SES 最低等级上的人出于经济原因转而支持威尔基。这些受访者偏离了普遍的倾向，他们因读到的和听到的宣传而倒戈。共和党的宣传者在扭转民主党的论点（威尔基与大商业勾结），使其变成对那些低收入群体最有吸引力的一种形式方面是非常成功的。有趣的是，一些受访者明确地提出杰拉尔德·L·K·史密斯或汤森[①]是自己观点的来源。他们改变的理由如下："威尔基承诺给我们工作，**共和党是有钱的政党，所以他有能力履行承诺**"；"威尔基能够增加工资，因为**他自己出身贫穷，罗斯福生在富人家，他不知道贫穷的滋味**"；"威尔基会摒弃新政，**通过与资本的联合创造工作机会**。"

"怀疑者"

最后，有少数几个关于倒戈的例子——非常少——那些对竞选非常感兴趣的，认为任何一方都有重要的事可提，并在选战进程中有点儿战战兢兢地以某种方式尽力消除疑惑的人。他们——也只有他们——符合冷静的、理性的、民主的选民的通常看法。

通常，这样的人具有"弱"的既有倾向，即他们低于或者接近中等 IPP 指数。换句话说，他们的社会地位允许他们通过思考"承担"倒戈的后果。这些人已经建立了自己评判总统候选人的标准——这些标准是根据整个国家利益而非某一特殊群体的利益形成的——但使他们疑虑的是罗斯福和威尔基究竟哪一个人更符合具体要求。他们在态度上承受着很强的多重压力（由于他们"弱"的既有倾向）；他们有这样的理由支持罗斯福，也有那样的理由支持威尔基，或者他们支持某一候选人的一

[①] 弗朗西斯·E·汤森（1867—1960），美国内科医生，因在大萧条期间提出了解决老年人养老金的方案而出名，后被称为"汤森计划"。该计划虽然未得到罗斯福的支持，但在一定程度上影响了罗斯福政府的社会保障体系的确立。——译者注

部分纲领，但却反对其另一部分纲领。他们经过认真和客观的思考，有依据地投出选票。

例如，有一个有轻微共和党既有倾向的年轻人。这第一位选民——是由访员公平评价的——具有高中教育背景并且稍高于平均水平。他认为从商经历和从政经历对于一个总统来说同样重要，他支持征兵制度但意见有所保留，并且不是特别在意关于第三任期的争论，他认为威尔基和罗斯福在大部分问题上都有共识。他赞成罗斯福，因为"他对中产阶级的问题处理得非常好"，同时他也因为威尔基的从商和管理能力而欣赏威尔基。直到选举前几天他还没拿定主意，但最后选了罗斯福，他说："和那些没经验的人相比，我更倾向于支持有实际经验的人。这两位候选人看上去想法一致，有相同的政治纲领，唯一的不同就是一位有经验而另一位没有。威尔基在他的领域里非常出色，但因为现在的欧洲局势，他还不够资格成为总统。如果共和党人推选出像塔夫脱那样的人，我可能选共和党。没有什么新信息能够帮助我做出决定，直到最后我都会权衡实际情况，并随时准备接受新的信息……"

真正的怀疑者——那些思想开阔并且诚恳冷静地权衡候选人是否对整个国家有利的选民——主要存在于惯于顺从的选战宣传中，在公民的教科书中，在电影里，在一些政治理想主义者的头脑里。而在现实生活中，他们却是凤毛麟角。

第十一章　选战的整体效果

从整体上来说，总统选战宣传——演说、事件、政论、研讨等所有的宣传造势——对选民产生了三种效果：选战激活了漠不关心者，强化了党徒的信念，使游移不定者改变立场。我们已经提到了选战中这些效果的相对重要性。下面让我们用一种更为系统的方法来总结一下选战的整体效果。

1936年11月—1940年5月与1940年5月—10月比较

只有考虑到从一次总统选举到另一次总统选举间所发生的变化，我们才能获取观察总统选战的合适角度。只有这样，才能解答一个基本问题：一个选举年在夏秋两季之间举行的正式选战仅仅是延续了两次大选之间的长期投票意图吗？或者说，选战是否加速或阻碍了选民的这种倾向的一致性？换句话说，对于仅凭时间推移不能解决的问题来说，选战会有什么作用？

这个问题属于投票循环问题的一部分。从美国内战以来，总统选举已经进入了周旋于一党和另一党之间的长期趋势。[1]1924年，民主党人在两党选票中处于低谷，只占35％，而到1936年，得票率则高达62％。在1936年到1940年间，民主党的多数优势有所下降，但仍保持着多数。在一场选举和下次选战开始**之间**究竟会发生多少这样的总体变化？又有多少发生在选战**进行过程当中**？

在1940年的伊利县，投票意图在选战**期间**发生的变化要远低于在此之前的三年半中发生的变化。1936年是共和党的选票贫乏年，在这一年支持共和党的每一个人到了1940年仍是共和党选民（事实上，确切数字是99％）。但随着时间的推移，民主党在1936年的不寻常的高得票率在逐渐下降。从1936年的选举日到1940年5月，1936年的民主党人已经有21％从政党中脱离。而在1940年的5月到10月间，只有8％的人离开了民主党阵营。换句话说，所有在中间的过渡时期发生的事件——地方的、国内的、国际的——所改变的选票数，是选战中所有事件所改变的选票数的两倍。

选战所做的，是要使选民具有倾向于共和党人的长期倾向。在选战的6个月中发生的8％的变化量，较之在中间42个月发生的21％的变化量，代表着在单位时间内发生的更大的改变。选战不仅要延续这种倾向，而且要加强这种倾向。从1936年到1940年发生的背离民主党人的动向，可以说，被整个选战事件激活了。

选战效果评估

综上所述，我们可以总结选战的三种影响，即激活、加强、倒戈。（当然，政治传播在两次大选之间也发挥着同样的效果。）

三种效果在前面的讨论中得以明确。为了清晰扼要，让我们把三种效果及其相应的人数用一个单一的表格表示出来（见表11—1）。这个表格覆盖了两个不同时期所有可能的选票结合。表中的数据只适用于5月和10月的选民的投票意图情况，很明显，随着时间的变化，在这两点**之间**

许多变化在持续发生，但这些变化也会同样消失。但 5 月—10 月之间（即从选战的开始到结束）的关系是选战影响的本质和程度这一基本问题的最好例证。简言之，这就是选战所起的作用：强化（潜在）53%，激活 14%，再次倒戈 3%，部分倒戈 6%，倒戈 8%，无作用 16%。

表 11—1　　选战对选民的投票意图的影响（5 月—10 月）

5 月时的投票意图	10 月时的投票意图		
	投票意图同既有倾向吻合	投票意图同既有倾向相反	尚未决定
投票意图同既有倾向吻合	强化 36%	倒戈 2%	部分倒戈 3%
投票意图同既有倾向相反	再次倒戈 3%	强化 17%	部分倒戈 3%
尚未决定	激活 14%	倒戈 6%	无作用 16%

然而，有必要在这里提出几点重要的警示。我们不能武断地说所有的态度稳定者都被选战所强化，当然，并不是他们中的所有人都**需要**被强化。但除了强化以外的其他影响因素又不能对他们起作用。基于这种情况，数字当然代表了效果适用的最大化。倒戈的情形也一样，但原因却不同。数据只是建立在一个相对粗略的既有倾向指数上，即第三章建构的 IPP 指数，它只涉及选民的 SES 等级、宗教信仰和居住地三个基本特征。而一个更完备的既有倾向指数应当包括选民基本的政治态度以及其他的个人特征，这样才能提供一个更可靠的结果——可能会降低实际的倒戈者的数字。例如，这里所举的许多倒戈者的例子，指的是那些具有相对"微弱"的既有倾向的人，即被多重压力左右着投票决定的人。如果对他们原来的既有倾向有一个更精确的衡量，无疑会把他们中的许多人排除在倒戈行列之外。

继上面所言，这些被排除者将会进入被激活者的行列，也就是说，他们将依据自己实际的政治既有倾向来做投票决定。简言之，激活者的数字可能低了，而倒戈者的数字可能高了。[2] 无论如何，倒戈是在选战中出现频率最低的影响结果，而激活是在选战中所表现出的频率居第二位的影响结果。

第十二章　赢家预测

在总统选战的过程中，大部分人都知道自己该如何投票并且认为自己知道谁将在选举中获胜。在接下来的这章，我们将看到选战中大量的传播信息给出了这种推测和预期。编辑和评论员是要通过给选举中的竞争因素煽风点火来满足公众需求吗？

为了研究这一问题，我们在每一次访问中都询问了受访者以下问题："如果不考虑你想选的候选人或者党派，你认为谁会当选？"

尽管受访者中的大部分是共和党支持者，但他们往往预计民主党人会获胜。在那些对当选者有明确预期的人之中，支持威尔基的那部分在6月份——即在欧洲战事激烈期间以及共和党全国代表大会之前——降到最低点；当时，只有29％的人认为共和党会赢。而在共和党全国代表大会以后，支持共和党人的选民数突然回升。而自民主党全国代表大会开始，给予共和党人更多支持的那部分人在46％到48％之间浮动。

随着选战的进行，没有投票意图的人逐渐减少，但这些人在对获胜者的预期上表现出了不同的倾向。直到进行候选人提名时，三分之一的人对谁会获胜不发表看法。在两名候选人浮出水面后，没有明确预期的人则下降到四分之一并且稳定地保持这一数字。

同投票意图相比，预期具有更大的不稳定性。在 48% 的从未改变过投票意图的人中，只有 25% 在整个选战中对谁获胜保持相同的预期。对选举越感兴趣的人，越少改变预期。在那些历经研究全过程的 10 个人中，有 1 人认为同一位候选人的机会最佳，有 15 名高度兴趣者改变了主意，另外有 24 名中度兴趣者和 30 名低度兴趣者改变了主意。

正如我们所预料的，选民的投票意图和获胜预期之间有紧密的关系。总的来说，每个政党都期望自己的候选人获胜，而没有投票意图的人也没有足够的兴趣形成预期获胜者的观点。

对选举越感兴趣，投票意图和预期的关系就越紧密。对于高兴趣度的人来说，两种因素的皮尔森（Pearson）① 相关度是 0.68，而对低兴趣度的人来说，这种相关度只有 0.59。[1]

预期的变化

无论受访者在两次访问间的何时改变了他的预期，他都被问及什么使他改变了想法。对这些人的理由进行的分析表现出了人际交往的重要性。当人们解释其在投票**意图**上的改变时，他们同样把广播、报纸和同他人的交谈作为自己做出决定的来源。但当他们回答之所以改变**预期**的原因时，提到同他人面对面的交往的频率要比提到两种正式媒介加在一起的频率还高。

看来，人们影响彼此预期的途径主要有两种。第一，一些人被另一些人告知，某个候选人赢得选举的机会发生了改变，以访问中的引语为例：

"人们说，威尔基每演说一次，他就会失去一部分选票。我不知道我自己如何投票，但我相信他可能会出局。"

第二，受访者通过对周围环境的观察形成自己的结论，他无须被告

---

① 卡尔·皮尔森（1857—1936），英国数学家，现代统计学创立人之一。曾任伦敦大学教授、《生物统计学杂志》主编。著有《科学的基本原理》、《对进化论的数学贡献》等。——译者注

知什么，而是可以自己通过某些信号判断：

"从以前的访问中看出，尽管有更多人支持罗斯福，但第三任期议题却对他不利，人们**不**赞同他在没有和国会商议的情况下与英国做海军基地交易，所以现在我不确定谁会赢。"

随着选战开展，我们可以观察到一个非常有趣的现象：前面一种情况——受访者只是接受其他人的预测——在减少，而后面一种情况——受访者通过观察其他人的感觉而自己做出预测——在增多，直到10月，这两种情况被提及的频率基本相等。

我们在阅读材料后留下的深刻印象是：在政治讨论中，谁能获胜的问题是人们最经常谈论的话题，尽管在这一点上我们没有形成能够明确陈述的数据。

"从众"效应

这直接带来一个基本问题：是否存在"从众"效应？答案是肯定的。在5月还没有投票意图的受访者可以按照对获胜候选人的预期来分类。10月，他们中的一部分已经决定了要支持的对象。其投票意图紧随其先前的预期（见图12—1）。

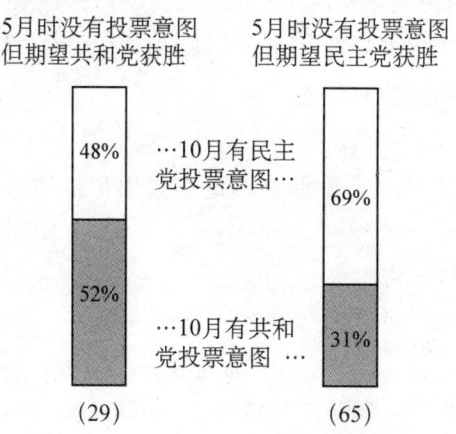

5月时没有投票意图但期望共和党获胜		5月时没有投票意图但期望民主党获胜
48%	…10月有民主党投票意图…	69%
52%	…10月有共和党投票意图…	31%
(29)		(65)

图12—1 人们倾向于选那些他们预期能够获胜的候选人。

21张这样的图表中的每一张都是由我们对比在不同时间进行访问时获取的材料而来的，它们得出了相同的结果。[2]

从心理学上来说，选民对获胜者的预期对其投票意图的影响是一个相当复杂的过程。也许，一部分人已经基本上做出了投票决定，但把这种想法形成一种预期而不是投票意图的风险可能更低。在其他的情形中，了解某一候选人的获胜机会能够激发自身已经存在的既有倾向。但有时候，受访者并不介意把试图投票给预期获胜者的想法直接表达出来。

"选举之前，罗斯福看来可能赢，我就跟风了。虽然谁获胜对我没什么不同，**但我希望投票给胜利者。**"

"我一直是民主党支持者，但最近我听到很多民主党支持者打算选共和党，**我也可能这样做。**在我知道的五个民主党支持者中，有四个都打算这样做。"

毋庸置疑，确实存在"从众"效应，选战经理在很好地利用这一效应的全部优势。不可否认的是，对一些人来说，和直接的论争相比，每个人都承认某一候选人给选民留下的印象比其自身的获胜预期的影响可能更有效。影响人们对获胜者的预期的方法有很多种。我们反复得到像下列这样的陈述：

"我听到广播中说**很多民主党人**选威尔基——像欧文·科布（Irvin Cobb）[①]、约翰·L·刘易斯（John L. Lewis）[②]。因此我认为，拥有这样的支持力量，威尔基能够获胜。"

"我在不久前的一个夜晚听到收音机里报道，纽约**最大的赌场**以9比5的比例在罗斯福身上下赌注，他们给出那样的赌注，看来确有其

---

① 欧文·S·科布（1876—1944），美国著名的著作家、幽默作家、专栏作者。曾当过新闻主编和记者，一生著述丰富，创作60多本书、300本短篇小说。《说起手术》、《停止恐慌的方式》等是其主要的小说作品。

② 约翰·L·刘易斯（1880—1969），1920年到1960年担任美国矿工联合会主席。他是煤炭开采历史的主要参与者，美国产业工会联合会的主要创立者。1941年从产业工会联合会辞职以后，在1944年又加入劳工联合会。曾一度支持罗斯福的"新政"措施，后由于害怕美国卷入第二次世界大战，在1940年大选中坚定地支持威尔基。

事。我也听到了从好莱坞发回的报道说，那些**最知名的电影明星们都支持罗斯福**。"

有 42 名受访者清楚地指出，公众舆论测验是使其改变预期的来源。[3]

第十三章　选民被告知什么

对于伊利县人民——或者说对于全美国人民来说，1940年的总统选战是通过各种有效的传播走入千家万户的——报纸、杂志、新闻广播、演说、宣传手册、人们之间的谈话等等。这些资源呈现的内容为选民描述了选战的情况。那么，人们被告知了什么？[1]

这篇报告是以对重要的竞选传播的分析为基础的，这些传播是通过被最广泛阅读的报纸、杂志以及被最广泛收听的竞选演说和新闻广播而进入伊利县的。[2]事实上，杂志报道和广播演说的覆盖面遍及全国，因此，复制出的选战内容在国内大部分地区都可获得。同样真实的是，尽管在程度上低一些，报纸关于选战的报道往往来自那些主要通讯社的报道。在伊利县可获得的报纸专栏内容也会出现在全美国的报纸上。简言之，伊利县的听众、读者接触的一系列关于选战情况的报道和全国多个地区的听众、读者所接触到的内容没有太大差别。

我们选取选战中三个不同阶段作为样本。第一，从8月5日到10日，即民主党全国代表大会和威尔基发表提名演说（acceptance speech）①之

---

① 美国总统候选人在获得政党提名时所作的演讲。——译者注

间的这段选战前的平静期，而威尔基的演说至少对共和党人而言——拉开了选战的真正帷幕。第二，从10月12日到17日，伴随着选战的节奏在最后一个月刚开始时加快，正值威尔基的东部之行结束，罗斯福对防御工厂的"非政治性"视察期间［在此期间他在俄亥俄州的阿克伦市（Akron）和代顿市（Dayton）发表演说］。第三，也是最后一个阶段，从10月25日到11月4日，即选战中最后、最激烈的11天。

党派性：在什么程度上支持谁

关于选战传播的内容，最有趣的一个问题是：传播内容在何种程度上支持某一候选人而反对另一候选人？结果表明，在伊利县所有可获得的公共传播信息当中，呈现共和党立场的刚好是呈现民主党立场的两倍之多（见表13—1）。

表13—1　　　　　　　　党派性：时段　　　　　　　　　　（%）

	8月5日—10日	10月12日—17日	10月25日—11月4日	总数
共和党	49	63	52	55
支持威尔基	29	23	19	21
反对罗斯福	20	40	33	34
民主党	15	20	29	25
支持罗斯福	8	11	17	14
反对威尔基	7	9	12	11
中立	36	17	19	20

早期，在威尔基发表提名演说之前，他的支持者们一直全心投入地树立他的形象，但当选战进行到最后一阶段时，他们把精力放在攻击罗斯福上。对于民主党人来说，他们把宣传越来越多地集中于自己一方的候选人上。在8月早期，占选战讨论内容的三分之一还多的平衡和中立的言论，到了最后一个月口水战的关键时刻则减少了一半。

传播媒介本身的情况怎样？就直接的党派性而言，它们是如何反映选战的？（见表 13—2）总的来说，杂志是最具党派性的（3∶1），报纸次之（刚好超过 2∶1），广播最后（刚好低于 2∶1）。这需要进一步讨论。

表 13—2　　　　　　　党派性：传播媒介　　　　　　　（%）

	报纸	广播	杂志
共和党	54	54	58
支持威尔基	18	17	34
反对罗斯福	36	37	24
民主党	26	29	19
支持罗斯福	15	16	10
反对威尔基	11	13	9
中立	20	17	23

在这里使用的"党派性"一词是非常客观的，仅仅意指对某一方的支持，没有扭曲的言外之意。尽管这对民主性传播来说是个重要的问题。除非处于争议性问题的各方立场上的政党支持者都相信大众传播媒介给他们提供了关于争议的合理而公平的信息，否则他们对媒介的态度就会由信任转向怀疑乃至不信任，那样的结果是政治群体在公众讨论上可能缺乏共同的讨论根基。（第十四章将为此提供论据）

印刷媒介的党派性，尤其是对共和党人来说，在近年来已经多次讨论过，因此结果并不令人感到惊奇。广播时段的内容具有相同的特点，可以通过两个因素来解释：第一，在作为样本的时间段内，共和党演说者在广播中占用的时间比民主党要长。（一项更详细的分析表明，在选举前的最后几周，当罗斯福自己在广播中发表讲话时，这种差别变得非常小。）另外，共和党演说者的优势也影响了新闻广播本身的政治色彩。毕竟，如果共和党的选战是更激情洋溢的，播音员就不得不更多地报道共和党的演说。区分出选战广播时段中直接的和反映性的政治内容是有用的。由政党演说组成的直接内容在我们的样本中的比例如下：共和党占 58%，民主党占 29%，中立占 13%。而由新闻广播组成的反映性的内容比例分配如下：共和党占 46%，民主党占 27%，中立占 27%。新闻广播比政党演说者更平衡。

97　第十三章　选民被告知什么

　　1940年大选期间，桑达斯基的三份报纸的党派性可以为此提供依据。其中一份有强烈的共和党倾向，另一份历来亲民主党（不是很强烈），还有一份在名义上亲民主党但实际比较中立。三份报纸整体的党派性是有区别的（见表13—3）。现在，三份报纸向他们的读者报道同样的外部事件——选战事件——并且是在相同的时期里。如果三份报纸的报道都是非常客观的话，就其整体的党派性而言，它们的读者就会接受到大致相同的选战画面。但实际上却不是这样。共和党的报纸试图强调共和党的立场，民主党报纸试图强调民主党的立场，中立的报纸——无疑在**反映**选战上比另外两份更可靠——试图在两政党之间达成平衡。

表13—3　　　　　　　党派性：三份本地报纸　　　　　　　（%）

	共和党报纸	中立报纸	民主党报纸
亲共和党	72	54	46
亲民主党	14	17	36
中立	14	29	18

　　这种分配实际上说明了在选战中所反映的和所选择的这两个**方面**，即报道和偏见的效果。共和党人竞选活动的时间长，因此制造了更多可报道的新闻，在三份报纸中都可以证实这一点——哪怕是民主党报纸，也不得不被发生的事件"强迫"着给予对方的候选人更多关注。报纸在此框架内，尽其所能地表达自己的政论立场，党派性的数字可以说明他们获得了怎样的成功。也许在这种情况下，可以通过中立性报纸和另外两份报纸中的任何一份之间的差距来衡量报道功能较之政党支持功能的相对重要性。

　　杂志拥有的特殊倾向说明了杂志本身的一种情况。只有杂志强烈支持威尔基；广播和报纸也主要强调共和党的立场，同时强烈反对罗斯福。这种支持威尔基的材料主要由候选人的传记和简介构成，因此它非常适合美国大众杂志的特点。人生经历和人格描述是美国杂志构成的一项标准要素。这样的杂志总是描述时代的"传奇"人物的职业生涯和个性，威尔基的故事与这种模式完美契合。一个人突然被置于公众舞台的中心，这是典型的美国成功人士的故事，杂志把它的特长发挥得淋漓尽致（罗斯福对这种做法非常熟悉，但却未从中受益）。当然，与此同时，主编们觉得他们既要满足读者的预期，也要使他们了解相对不熟识的政客。无论动机是什么——出于公众的还是私人的——事实仍然是：在报道新闻时的限制相对较少的杂志，具有强烈的共和党倾向，在此种框架内，它们强烈地支持威尔基而不是反对罗斯福。

上述所有事实说明了一般性的观点，即总统选战的核心是党派性。但党派性又是怎样的呢？这个问题的答案可以通过确定中立言论以及明确支持某一候选人的报道和演说的数量获得。此处仅仅考察那些公开支持某一方的新闻，例如，政党的演说和陈述，吹捧候选人的个性，通过专栏发表政党间的争论等等。如果一则新闻是中立和平衡的，在这里可以不作考虑。在所有具有如此明确的党派性的材料中，接近80%支持由总体新闻所支持的候选人，15%是中立的，只有5%承认对手的某种优点。不管是美国的全体公众还是本身不带有强烈党派性的部分公众，都以这样极端的一边倒的方式认为，对真实性的曲解是有问题的。更可能的是，这种党派性要么被归结为"政客"的平常行为，要么在美国运动的取胜框架内予以解释。不管怎样，一清二楚的是：总统竞选几乎排他性地被描述为非黑即白的模式。

主体：重心和论旨

在党派性这个最普遍的框架内，选战宣传的话题是关于什么的？人们被告知最多的是什么话题？

选战中谈论最多的话题就是选战本身。在所有讨论中，超过三分之一的内容集中于选战的进程，集中于两个政党的选战方式，尤其是集中于对候选人获胜机会的预期。接着是罗斯福的经历，另有四分之一的选战材料都致力于此。紧随这些论题之后的是威尔基和罗斯福的未来政策以及对候选人本身的讨论。

选举就是对手之间努力争夺由对选战预期的强调而衍生出的优势。

一方面，倡导者和他们的支持者总想创造出已经获胜的幻景；另一方面，中立的评论员试图把自己确立为选战进程中的明智的分析家。结果，选举结果备受关注。每一阶段都有对选战发展的讨论和预期，就像体育记者预测职业棒球联赛（World Series）或者下周六的美式足球比赛的结果一样。从某种程度上说，对于那部分态度稳定的政党支持者来说，这是促使他们产生强烈感觉的诱因：他们希望自己的队伍获胜。

在1940年大选中，就事情的本质而言，罗斯福总统依旧继续他的经历，而威尔基却只能对自己说"明天"。结果，对各种"问题"的论战变成了罗斯福的经历和威尔基的承诺之间的较量。

一届政府的经历，简直就如同已完成或未完成的历史，要接受通过其他方法完成同样事情的人的批评。而选举中的承诺，却是每个人都可以说出口的。在总统选战中，每一方都在努力描绘未来的蓝图以使自己更具吸引力，而不是致力于指出对手的瑕疵，从而使公众注意他们。这种普遍的看法在1940年的选举宣传中被证明了。每一方攻击对手的经历多于为己方经历所做的辩护。并且，在很大程度上，每一方都花更多时间鼓吹自己未来的政策而不是攻击对手的政策。在讨论经历时，抨击者以3∶2压倒辩护者；而在讨论未来政策时，赞扬者以2∶1压倒抨击者。简言之，"他们那一边"漏洞百出，而"我们这一边"做出了最好的承诺。

尽管1940年大选开始于法国刚刚沦陷之后，而又结束于轴心国对巴尔干半岛的袭击之后，但在选战宣传中，国外局势较之国内问题处于次要地位。在对所有问题的讨论中，73％是关于国内问题的，而只有27％是关于国际问题的。依据发生的一连串事件，对两类主题的相对重要性来说，注意力的分配看来不成比例。

在1940年，对"美国传统的空前挑战"使得第三任期问题自然成为共和党人的话柄。在所有的关于第三任期的引语中有85％都是反对的声音。另外，支持第三任期的民主党人也要比支持其他话题的人少；在1 200条支持罗斯福的言论中，只有13条是**公开**支持第三任期的。民主党也想避开这个问题，以免助长了共和党的气焰。而且，相比较其他任何论题，在此问题上，很少有中立的讨论（7%较之于平均值20%）。

选战的中心：罗斯福

在美国有这样的政治说法：总统选战开展了，但总统选举只决定支持和反对其中一位候选人，而不是两个。因此，1928年的选战据说定位于支持或反对艾尔·史密斯的基调上，1932年的焦点人物应该是胡佛，1936年则为罗斯福。无论在何种程度上，这种说法在这几次以及早年的大选中都被证实了，至少就选战宣传而言，1940年大选的状况就给出了一些证据。

不过，首先要对一般性概括进行小心翼翼地求证。如果说最近的哪次选战可以支持这种说法，那么当属1940年大选，在这次大选中，已经度过了两个富有历史意义的任期的罗斯福带着自己争议颇多的政治履历准备再次参加选举。他的对手，一个政治上的新手，没有任何自己的履历可依，差不多是被迫参照现任者掌握的行政方式进行自身定位。选战的情况从表面上看支持这种说法——对于每次大选来说这几乎是确定无疑的。

在报刊和广播的选战材料中，支持威尔基的素材比例略微超过2：1，但是以罗斯福为焦点的这一比例却达到了3：2，故而党派性与聚焦程度远远不同。无论是支持共和党还是民主党的材料，对罗斯福的关注均超越其对手。换句话说，前者反对罗斯福甚于支持威尔基，后者支持罗斯福甚于反对威尔基（见表13—1）。

选战的目标：历史、金钱和保障

政治选战的主要目标在于赢得选举。然而，为了实现这一目标，候选人必须给选民提供一些诱因来获取选票。上文中显而易见的是，大多数选战宣传含有显示"我们的政策"好而抨击"他们的政策"糟的意图。但是,为什么这些政策被认定为好或糟?被认为正当的政策、计划、决策、信念、行为、(未来)目标和(过往)成果是什么?选民用他的选票能换取什么?答案暗示了候选人及其选战经理认为哪些是对美国选民最有效的诉求。

在选战期间提出的主要社会目标就是对原则的遵从,也就是对过去的遵从,因为这些原则在过去以此种或彼种方式证明了自己的有效。这些诉求手段可能在两个方面都是有效的:一是有利于双方的宣传者,因为它们的适应性(几乎一切都可以被证实为与"历史原则"一致或相反);二是有利于选民,因为由熟悉的过去和其历史符号所产生的强烈的情感诉求。心理学家和社会学家可分别就该诉求的主观角色(其早期渊源等)和社会角色(其存有的影响等)予以讨论。无论如何,就候选人力图推销自己的纲领而言,这种诉求构成了主流的社会价值。

手段:少说为妙

除了谈论他们的政策目标以及结果外,候选人以及他们的发言人必须谈及自己政策或者对手政策的实现方式。实际上,这些很少被提到。只有14%的材料涉及这些,而且往往是不相关的或者模糊不清的。换句话说,每一方几乎都没有意图在**如何**实现其颇为吸引人的纲领上多加入更令人满意(并且争议更少性)的讨论。

情感性术语:选战的标签

各式的宣传均依赖于情感性诉求以使其信息得以被理解。这些诉求常隐含在各种情感性术语——人们强烈支持或反对的符号,例如民主和共产主义——的使用中。1940年,这些术语几乎出没在选战宣传的每个句子中。它们的使用频率在 10 月后期比 8 月早期要多出一倍。选战越激烈，它们被使用得越频繁。此外，涉及罗斯福的材料——无论是支持的还是反对的——相比涉及威尔基的同类话题的材料具有更大煽动性。很显然，较之他的对手，现任总统受到了更多的"爱戴"和"憎恶"。

第十四章　广播与印刷媒介

总统选举就意味着总统选战，也意味着潮水般的政治宣传。选战经理们设计了全面的战略和独创性的策略，力求把他们的意志变成选民的意志。政党的工作者在特定的情况下应用一般的政策以努力驱赶怯懦者，引导同意者，劝服不情愿者，政党的意见领袖——报纸编辑、专栏作家、自由撰稿人、辛迪加的漫画家、广播评论员以及当地德高望重的人——都参与到选战运动中，利用自己的影响支持其所认同的候选人。铺天盖地的宣传通过控制或告知信息，来限制或强求潜在的选民以做出恰当的决定。

因此选战宣传的**输出量**非常大，但被人们**接受的**有多少呢？未听到的音乐也许更动听，但未看到和未听到的宣传却可能是没用的。实际上，会有多少注意力落在宣传上？是谁？通过什么媒介宣传？简言之，选民们实际接触选战宣传的情况是怎样的？

在关于注意力和兴趣两者有必要互相竞争的问题上，大多数人有几种说法。在"私人领域"的问题上和"公共领域"的问题上存在竞争。总是想着个人问题的人，并没有充足的时间和精力去关注如选举总统这样的相对遥远的问题。就算是在公共问题的领域内，也不会单一地关注某一件事。例如，1940年的这场大选不得不与一系列自1916年以来的历次大选中都没有出现的重大事件——欧洲战争——抢夺人们的注意力。

众所周知，就在选举日前，当所有的大众传播媒介——报纸、杂志、广播——都充斥着政治宣传时，激烈的总统选战达到了最高潮。如果人们想随时阅读选战材料或收听政治演讲，也就是这个时候了。[1] 实际情况怎样呢？在伊利县，在选战的最后12天内，受访者中有54%就在访问的前几天里听过至少五分之一的政治演说广播；有51%的人读到过至少一篇于访问前一天出现在他们所喜爱的报纸头版上的关于选战的报道，也有26%的人在流行的大众杂志上读到至少一篇关于选战的文章。这一点非常重要。在选战最高峰，也就是10月后期，约有一半的人不再理会报纸头版报道或者候选人自己发表的演说，75%的人也不再理会杂志上关于选战的报道。简言之，政治宣传的洪流远远没有把人们淹没，甚至连他们的脚都弄不湿。

接触的集中点

但是以上解释可能不准确，尽管有一半的受访者不接触任何一种信息来源，但也许他们中的全部或近乎全部都会接触某种信息来源。换句话说，也许他们会专门接触一种传播方式，如只读不听，或只听不读。因此，每一个人都可能在某处接触选战。

然而，事实上，这一推论反过来也可能成立。由于内容上的高度一致性，通过各种宣传媒介传递的政治材料触及了相同的潜在选民群体。[2] 通过某一传播媒介接触大量选战宣传的人也会通过其他媒介得到同样多的信息；而那些接触信息量少的人，从别的媒介获取的信息仍然很少。大部分通过广播接触政治演说信息高于平均水平的人，从报纸上获取的资源同样高于平均水平（见图14—1）。报纸和杂志以及广播和杂志之间的关系也都与此相同。反之，从一种媒介上接触信息低于平均水平的

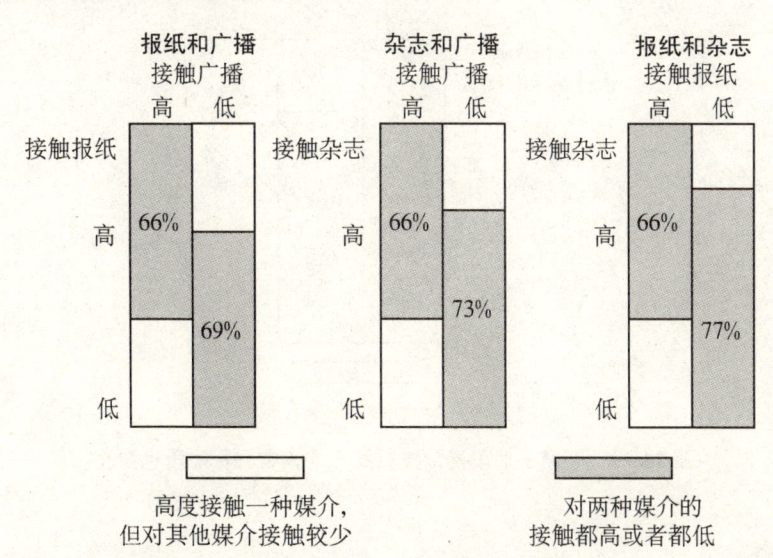

人在其他媒介上接触的信息同样低于平均水平。

报纸和广播 接触广播 高 低
接触报纸 高 66% / 低 69%

杂志和广播 接触广播 高 低
接触杂志 高 66% / 低 73%

报纸和杂志 接触报纸 高 低
接触杂志 高 66% / 低 77%

□ 高度接触一种媒介，但对其他媒介接触较少
■ 对两种媒介的接触都高或者都低

图 14—1 高度接触一种传播媒介的人也易于高度接触其他媒介。高度接触一种媒介而很少接触其他媒介的人是相对较少的。

接触不同媒介的政治传播的人集中于相同的群体。然而选民的媒介接触情况在选战的不同时段是如何的呢？可能一些人在选战开始的前几个月就阅读和收听到的信息，另外一些人在最后几个月才接触到，因此，从总体上来说，也许每个人接触的政治宣传数量是一样的。当然不仅如此，接触宣传信息较多的人可能在选战各时段接触宣传均较多，另一群人则在各个时段接触宣传均较少（见图14—2）。[3]

总的来说，在总统选战中，接触政治传播集中在相同的群体内，并不是分散在大多数人中。通过某一媒介或在某一时段接触信息可以对通过另一媒介或在另一时段接触信息进行增加（supplement）而不是补充（complement）。选战中大量的、不断增加的政治宣传，主要不是导致获知选民范围的扩大，而是对同一部分的选民增大了宣传力度。

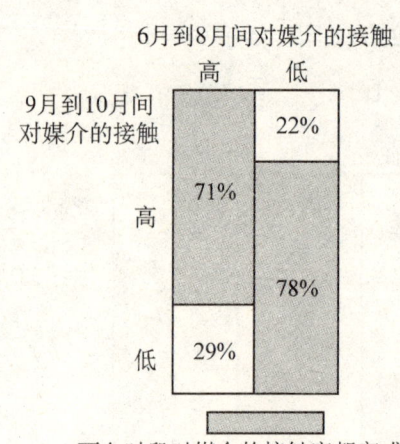

图 14—2　在某一时段高度接触媒介的人在另一时段也如此。

谁曾经阅听政治

　　谁是在选战中读得最多、听得最多的人？什么能将他们从那些很少关注政治的人中区分出来？

　　在第五章中，我们已经提到，对选举的兴趣程度的高低是那些经常阅听到选战宣传和那些极少阅听到选战宣传的人之间的主要区别。为了叙述起见，在此仅需要注意一下。

　　对选举有兴趣的人频繁地接触信息，做出决定的人也是如此。无论何时，与那些不知道如何投票的人相比，已经知道自己如何投票的人阅听到的选战材料更多。换句话说，选战经理们最希望信息传达到的对象——那些还没有做出决定的人——也是阅听到宣传最少的群体。就像广播中的教育节目，它所吸引的听众都是之前对其内容非常熟悉的人。政治宣传也如此，传达到的听众是已经决定了其将选择的候选人的选民。

　　在关于兴趣在选举中的作用的一章中，我们看到，选民对选举的兴趣为其复杂的个性特征提供了概括性的评估指数。最感兴趣的人是受到良好教育、家境较好、年迈的、居住在城镇的男性。这些相同的特点与对政治传播的高度接触联系起来。可以通过文化原因来解释这一点：受到良好教育的人更有智慧，更有公民素养；家境较好的人对政治更为了解，认为自己与政治联系得更紧密。老年人也同样认为他们与政治联系得更紧密，另外，美国的青年人并不像欧洲的青年人那样具有政治意识。居住在城镇的人更容易接触政治信息，特别是印刷媒体，因为在城市里具有比在乡村更多接触信息的机会。最后一点，男性在多种因素的驱动下对政治更为关注，女性则不然。

显然，接触选战传播信息最多的人拥有三种因素：兴趣、投票决定与适当的个性特征。[4] 但它们的相对重要性怎样？多重分析表明：选民接触选战传播信息的程度主要由其对选举的兴趣决定；其次是投票；最后是教育程度、经济地位、性别；而年龄和居住地的影响不大。

总的来说，这些因素的相对强度突出了接触政治传播的一个重要事实，我们回顾这样一个结论：对选举最感兴趣的人几乎能最早做出决定，并且在选战过程中一直都坚持这个决定。如今，我们发现阅听到选战信息最多的人最不可能受到影响，因而也不可能转变他们的投票决定。在选举宣传意在转变选民决定的范围内，它们最可能到达的人群却是最不可能发生转变的选民，最易发生转变的人们则几乎不可能接触到这些信息。

广播与报纸：何者更有影响？

近年来，广播占有一席之地，成为除了报纸以外的一种独具特色的传播媒介。或许不仅仅是"除了"，或许有时候广播已经替代了报纸的位置。例如，广播曾经闯入报纸的领域以影响美国政治吗？对主要政党来说，两种媒介具有相同的功能吗？简言之，在1940年的伊利县大选中，它们都扮演了怎样的政治角色？[5]

在直接讨论这个问题之前，我们必须简要地说明方法论的问题。假设我们让受访者自己指出对他们的选举决定最有影响的信息来源是什么，仅仅提出这个问题会让调查程序出现危险。受访者能评价出长时间来对他们产生的相对影响吗？他们所说的受到"广播"和"报纸"的"影响"可能更多的是他们所阅听到的信息的数量，而不是媒介的真正影响。受访者直接的自我评估并不能满足我们的目的。

因此，调查方法的设计要以下假设为依据：那些受访者给出的改变他们观点的理由越具体明确，这些理由越有效。一般的评论可能在无意中指向了其接触信息的数量而不是影响。而对特定经历的具体、详尽的报道倾向于关注决定性的事件以及减少接触内容的数量。显然，没有单一的问题能够被寄望于提供一个恰当的影响指数。

但我们可以使用一组问题，一方面在一般的和模糊的回答之间加以区别，另一方面可以在具体的回答之间加以区别。如果我们发现，其中一种媒体的影响在从一般到特殊的回答中都非常频繁而稳定地被提及，我们就可以总结说这种媒介的实际影响是占优势的，我们也就达到了对媒介影响进行有效测量的目的。

按照这样的程序和测量方法，在1940年大选中，对广播和报纸影响的比较结果如何呢？大选刚结束时，选民们被要求回顾他们所获得的引导自己做出投票决定的信息大多来源于何处，接着又被询问他们认为最重要的信息来源是什么。尽管报纸和广播作为一般的影响来源，地位是相同的，但广播作为唯一最重要的影响来源被提及的频率要多出一半（见图14—3）。在所有提及广播为信息来源的选民中，有一半认为其是

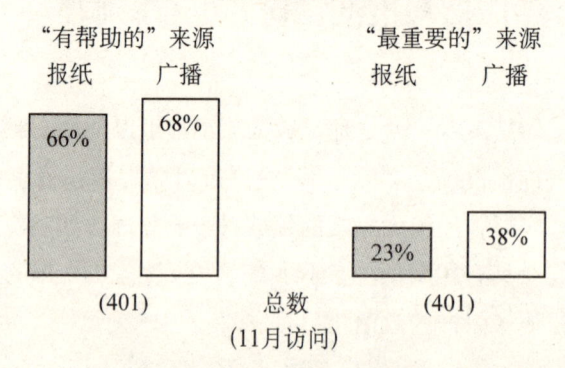

	"有帮助的"来源		"最重要的"来源	
	报纸	广播	报纸	广播
	66%	68%	23%	38%
	(401)		(401)	
	总数			
	(11月访问)			

图14—3 选民在回答何种媒介帮助他们做出决定时，同等程度地提到了广播和报纸。但当他们被问及"最重要的"信息来源时，广播处于领先地位。

最重要的信息来源，而仅有三分之一的受访者提及报纸是最重要的信息来源。因此，我们在对影响做从较一般到较具体的考查中发现，广播比报纸占据更重要的影响地位。这种区别可见于另一组数据中。

广播与报纸作为转变的缘由

当受访者表现出的投票意图与上一次访问不同时，他就会被问及转变的理由。有时，人们普遍会如此陈述新的投票意图的来源，例如，"我之所以改变想法是读报纸的结果"。还有些时候，人们会说得非常具体，把转变的缘由和某种传播媒介直接联系起来。例如，"《桑达斯基新闻》(Sandusky News) 星期三的一篇社论让我确信，总统在处理国际问题上的经验是不可缺少的"。（这里我们必须注意，尽管在之前的部分我们把受访者作为整体，但这里我们仅仅把他们看作关键性的次级群体——在选战中转变想法的人。）把人们对使他们投票意图改变的媒介的提及分为一般和具体两类，报纸和广播比较的结果如何呢？

直到选战后期，相当多的政治材料是通过报纸而不是通过广播获取的。然而很难测量近用性这一因素，只有到选战结束，广播政治材料的数量才能够完全地与报纸上材料的数量进行比较，如果我们把与改变理由相联系的媒介的提及限制到选战的最后两个月——选战中最活跃的两个月——那又会怎样呢？

那时，广播并非是作为**一般**性的影响来源，而更多的是作为**具体的**来源被频繁提及。再者，广播的强势地位由于其具体的影响而越来越清晰。

总的来说，在正式媒介对投票意图或真实投票行为的影响程度上，广播比报纸更有效。选战在印刷媒体和广播上开展方式的不同也可以为这一点做出说明。第一，从选战开始到结束，印刷媒体上充斥着大量的政治信息并且没有什么显著的变化。同时，在冰冷的印刷品上出现的对政党有利的以及不利的言论，使得那些长时间接触同样信息的读者生厌。然而，通过广播报道的选战，可能开始有些草率，但后来就充满了激情，并能持续到最后。

　　第二，广播对选战的报道包含了更多特别有趣的"事件"。通过广播直播党的全国代表大会，听众就会有身临其境的感觉：他可以感受到其他听众的激情，可以直接体会到紧张的消除。收听候选人的重要演说要比第二天早上在报纸上读到该演说更富有戏剧性。

　　第三，听众通过广播能感受到印刷媒体所缺少的那种人与人之间的紧密联系。听众从广播中听到的政治内容要比读者从报纸上读到的更生动，它更像一种面对面的交往。由于同人际关系更加接近，因此广播更有效。

两党各自的媒介

　　在1936年，尤其是在1940年，国内大部分报纸都支持共和党候选人担任总统（在桑达斯基也如此）。根据民间传说，在两次选战中，罗斯福"完美的广播声音"使他比兰登和威尔基更有效地运用了广播这一媒介。因此，从广义上说，每个政党都能有效控制一种主要传播媒介。

　　事实的确如此。在接触信息、促使观念一致、增加信任以及影响——所有这些特征上，共和党人倾向于使用报纸，而民主党人更愿意使用广播。在同等受教育程度的人中，更多的共和党人读报，而更多的民主党人听广播（见图14—4）。我们回顾第十三章中提到的结论：在报纸中出现的亲共和党的内容要比在广播中出现的多，这再一次说明，人们倾向于寻找与自己的政治观点相同的信息。我们的受访者也知道这样的事实：当他们在10月后期被问及从哪里寻找"和自己想法最接近的关于即将到来的选举的观点"时，相对来说，共和党人更多地回答"报纸"，而民主党人更多地回答"广播"（见图14—5）。

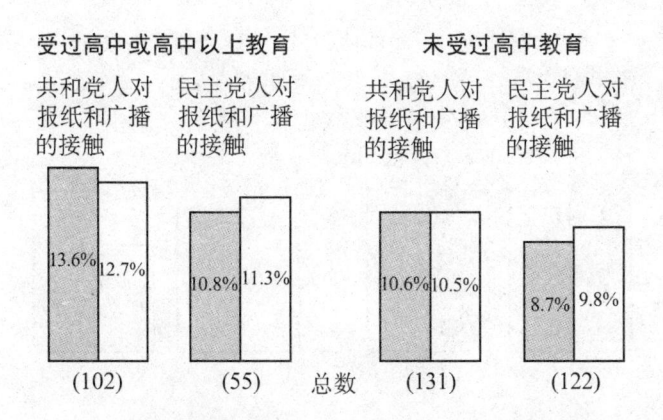

图 14—4　在同等受教育程度上，共和党选民更多地接触报纸，而民主党选民更多地接触广播。

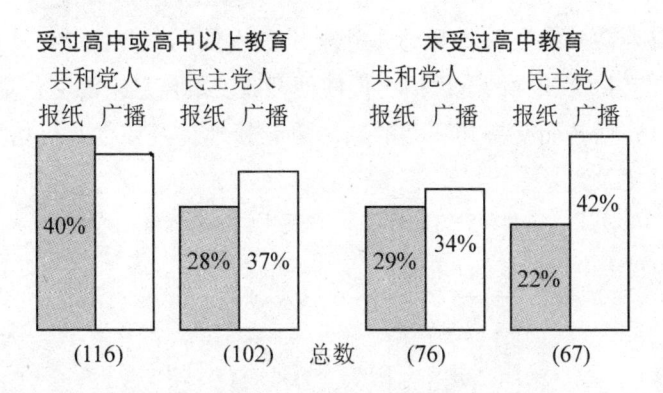

图 14—5　在同等受教育程度上，共和党人认为报纸和自己的观点更为接近，民主党人则认为广播与自己的观点更为接近。

这意味着什么？仍是 10 月后期，受访者被问及他们认为哪一个是"更接近事实（更公正）的——是你在报纸上读到的消息还是从收音机里听到的报道？"同样，党徒们用"公正"、"准确"来评价和他们的观点相似的媒介（见图 14—6）。政党的价值观被转换成了真理性的价值观。

事实上，这种倾向实际上只限于受过良好教育的选民身上。他们对媒介表现出来的党派性更为敏感，对"敌对"的信息来源更抱有不信任的态度。受教育程度较低的人则不易察觉媒介党派性的特征，因此对之不予理会。

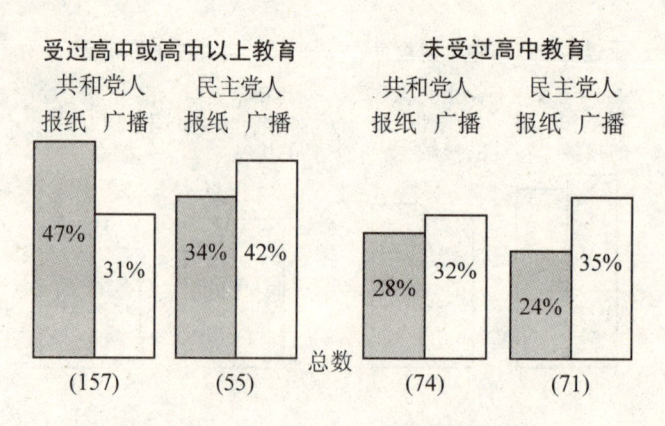

人民的选择 112

受过高中或高中以上教育
共和党人 民主党人
报纸 广播 报纸 广播
47% 31% 34% 42%

未受过高中教育
共和党人 民主党人
报纸 广播 报纸 广播
28% 32% 24% 35%

总数
(157) (55) (74) (71)

图 14—6 在同等受教育程度上，共和党人认为报纸相对更加公正（接近真实），民主党人则认为是广播。

最终，两种媒介的影响对两党来说是不同的（见图 14—7）。改变投票意图支持共和党的选民指出促使他们改变的信息来源时，更频繁地提及报纸；而转而支持共和党的选民更频繁地提及广播（仅指更可靠、更具体的提及）。

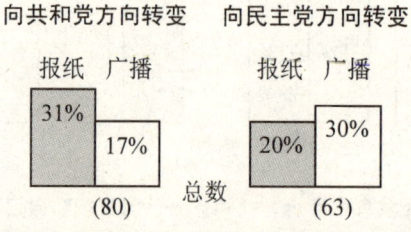

向共和党方向转变 向民主党方向转变
报纸 广播   报纸 广播
31% 17%   20% 30%

总数
(80)   (63)

柱形图的高度表示作为转变的来源被提及的次数

图 14—7 向共和党方向转变的选民更多提到了报纸的影响，而向民主党方向转变的选民更多提到了广播。

总的来说，共和党人偏爱报纸而民主党人偏爱广播。每个政党支持者都更倾向于接触"政党自己的"媒体，认为其观点与自己的观点更一致，更值得信任，也更容易受其影响。

事实上广播的内容支持共和党，但其更经常给人们以支持民主党的印象。其原因很明了：当广播评论员和新闻主播的语言被受访者引用时，被引用的并不是他们对国内政治的报道，而是对国际问题和战时新闻的报道。在这种情况下，这恰是民主党的优势。例如，一位年轻女性转而支持民主党就是因为这样的报道："罗斯福熟知欧洲形势，**我刚听到一则新闻说希特勒和墨索里尼希望罗斯福失败，因为这样的结局可以让他们从中获益。因此只要能打击独裁者，我将选富兰克林·德拉诺·罗斯福。**"

候选人自己在广播中发表的演说也帮了民主党大忙。有3位转向支持民主党的受访者都将他们的改变同罗斯福的演说相联系。同样，有4位同时提到威尔基和罗斯福演说的受访者都被劝服向民主党投票。而在提到威尔基演说的8个人中，有4位决定选罗斯福。换言之，威尔基的演说没能留住自己的支持者。例如，一位曾经在两政党之间举棋不定的年轻人，最后在10月决定选罗斯福："**我听到了威尔基的一些演说，我并不喜欢他……他所做的都是在诋毁罗斯福。他并没有说过如果自己当选该怎样做。罗斯福从来没有说过什么反对威尔基的话。**"

另一方面，现任总统的演说没有逆向影响任何转变者。一位直到选战最后几天还未做出决定的老年女性，典型地反映了这一点："**自从我听了罗斯福总统在费城的演说，我觉得威尔基不具备一个总统该具有的丰富经验。他对战争的情势并不了解。**"无论人们何时听到两位候选人的演说并对此进行比较，罗斯福都占了优势。比如，一位最终决定选民主党的年轻人说："**听了周六晚上威尔基和罗斯福的演说后，我决定选罗斯福。这是我第一次听到演说。威尔基并不是好的演说者——他令很多人失去信心。**"

因此，在选战中经常讨论罗斯福在广播中的"优秀"表现以及威尔基的"拙劣"表现，实际上是有收益的。我们应该记得，这些转变者中的大部分仅仅是被激活而不是因他们在广播中所听到的内容倒戈。这些事例都说明了为什么广播与报纸相比被更多地认为是民主党的媒体。

杂志——专门化的传播媒介

最后，我们研究周刊或月刊，则发现了另一幅图景。总统选战为美国杂志提供了中心事件，围绕此事可以持续数月地策划并撰写大量的文章，杂志很好地利用了这一点。贯穿整个选战，大众杂志上充斥着大量关于选举问题的政治讨论，尤其是对候选人的个性特点的描述。在前面的章节中，我们已经提到这种情况。

由于读者群体较小，杂志对选民产生影响的可能性受到限制。如本章的注释1所指出的，只有17%到26%的受访者曾经在选战中读过杂志。

但较小的杂志读者群体由于其特征而形成独立的分支。如第五章所指，在每一个社会群体当中都存在一小部分政治思想活跃、敏感、喜欢影响其他人做决定的人——意见领袖。他们在选战中读得更多，听得更多。而杂志的阅读情况也成为意见领袖和其他人的标志性区别。通过接触媒介信息指数，我们发现，意见领袖接触报纸和广播的平均频率是普通民众的两倍。而在阅读杂志上，二者的平均接触频率之比则是3:1。

杂志影响的强度在选战的相对早期就被讨论过。当时，由于没有新事件发生，报纸和广播上的选战信息相对较少。而杂志上则满是"不讲究时效性"的诸如回顾挑战者的职业履历等文章。大部分把杂志作为改变的信息来源的情况，一般都出现在选战的前半段。杂志在全国代表大会之前，也就是我们的访问开始之前的一段时间里，其作用相对更重要。但当选战开展到一定程度，即10月中后期时，杂志的作用就不及报纸和广播了。

有两种倾向主要构成了杂志的政治作用的特征：(1) 它们大量描述候选人的个人特征[6]，(2) 它们有更多的空间可以就某一点细致阐述。前面的章节已经说明，杂志在何种程度上强调候选人尤其是威尔基的人格特点。改变投票意图与引用杂志对人格特点的强调有关，往往是引用共和党候选人的特征或是他的职业以及与他自身相关的其他方面，而不是该候选人的政治计划。常常有如下陈述："在《星期六晚邮报》(Saturday Evening Post)[①] 上读到了威尔基的简要人生经历……在《农场杂志》(Farm Journal) 上了解了威尔基的生平……"

[①] 《星期六晚邮报》是约定俗成的译法，实为杂志。它创办于1821年，一度是美国最成功的周刊，1969年停刊。——译者注

同时，可以看出，在来源的引证方面，杂志能够就某一点比报纸和广播进行更细致的阐述。杂志很少如报纸那样依赖即时发生的事件，而同那些试图在一篇报告中覆盖若干主题的通常的政治演说者相比，杂志能就某一点做更深入的报道。对于这一结论我们虽没有确切的证据，但接连的访问能够提供一些暗示。例如，有一位女性在6月打算选共和党是因为当时她认为杜威（Dewey）[1]能够获得提名："我喜欢杜威，因为我曾经读过他的《清除强盗》（Cleaning up the gangsters）等。我在《美国》（American）杂志上读到了杜威的生平和背景，以及他在纽约市所从事的惩治犯罪工作。"

作为影响的来源，专业性杂志是为那些有专门兴趣的读者设计的，并同一般的大众杂志相匹敌。后者的报道要比前者多几倍，但在改变选民的想法上没有前者有效。专业性杂志先入为主，之所以这样说，因为读者把它看作自己非常感兴趣并且给予认同的组织或群体的可靠发言人。综合性杂志试图同时面向每一个人，结果很少能够直接瞄准特定的目标。另外，综合性杂志经常被看作是一份娱乐性的出版物，而专业性杂志在人们看来是严肃的。在1940年的伊利县，尽管《农场杂志》和《柯里尔》杂志在发行上有很大区别，但它们被选民同等频度地提及是其改变投票意图的具体影响来源，汤森（Townsend）出版物[2]像《生活》或《星期六晚邮报》一样被同等频度地提及。

本章讨论了正式传播媒介在1940年大选中所起到的作用。接下来的主题是人们彼此之间面对面的交往。

---

[1] 托马斯·埃德蒙·杜威（1902—1971），美国政界领袖，生于密歇根州。1944年和1948年两度为总统候选人，但在大选中分别为罗斯福和杜鲁门击败。1946年和1950年重新当选为纽约州州长。——译者注

[2] 汤森和他的支持者为了推行"汤森计划"（前文译者注里已提及），从1934年10月开始定期出版大量的通讯杂志，其中尤以《现代的十字军东征》而出名。内容主要围绕"汤森计划"而展开，许多政治家和商人给予了支持。——译者注

第十五章　社会群体的政治同质性

在研究中，我们多次发现人们以"群体方式"进行投票的迹象。本章将重点阐述该投票特征的重要性。

读者应该还记得，伊利县半数以上的选民都是共和党人。这对于伊利县的总人口，也对于我们研究中不同组的 600 名受访者来说，都是事实。假如按字母表顺序从伊利县居民中的每 100 人中抽取 1 人，我们仍会发现，大约半数以上是共和党人。

但现在设想我们采取不同的方法，随机选取 12 名共和党人，并请他们给出所能记住的朋友、邻居以及同事的名字。而后将这些人按照他们想要投予选票的候选人进行组合，那么，较之整个县，选共和党的比例明显要高。相反的，如果从 12 名民主党人开始，请他们列出生活中不同领域里的伙伴，较之整个县，则会发现一个明显偏低的共和党人的比例。

上述表明了我们构想的另一个观点，即投票在本质上是一个群体行为。在一起工作、生活或娱乐的人们很有可能投票给同一个候选人。

我们可以为此一般观点提供两类依据。其一，我们可以直接研究如行会、教会、体育俱乐部、家庭以及类似的制度化群体的政治同质性。

其二，也可以采用间接的方法。具有某些共同特征的人群很有可能属于同类群体。例如，我们可以从日常观察得知，人们往往倾向于与自己年纪相仿的人，而不与那些太老或太年轻的人交往。如若不同的年龄群体在投票行为上有显著的差异，我们可以推断，交往越显密切的人群，越倾向于相似的投票选择。[1]

社会分层与政治同质性

从这种辅助性和推论性的方法入手，我们发现最好的主导性因素是选民的 SES 等级、宗教关联以及居住地。政治既有倾向指数（详见第三章）就是以此为基础的。

在判断何种类型的人们之间会保持亲密的私人交往这点上，上述三个因素中的每一个都扮演着重要的角色。农民们能够更容易见到彼此，他们与城镇居民的联系较少，而城镇居民之间会更有默契。这对于不同的社会经济阶层的群体同样适用。一般经验和精确研究均表明，人基于其自身的 SES 等级选择朋友、寻找邻居。事实上，城市中的社会团体——诸如俱乐部、街道、餐馆以及非正式的社会聚集场所——将同等社会—经济地位的人群聚拢起来并促使他们在社会生活上分层。最后，共同的宗教关联不仅使得人们有宗教事务往来，而且很可能影响他们的婚姻选择和职业。

因而，以上所述可被重新描述为下面的形式：依据政治既有倾向指数，处于同一等级层次的人们有可能彼此交往更密切；而且，这些人形成的群体在政治观点及行为上很可能相当同质化。

这种趋向在选战中得到了加强。如果我们将 IPP 指数（政治既有倾向）作为人们所属群体的指标，投票意图的改变则使得群体同质性有所增加。表 15—1 给出了依据 IPP 指数将 54 个转变者进行分类的结果。首先，如若观察他们在 5 月初的投票意图，我们将会发现，其中 60% 的投票者（IPP 指数显示为"共和党"但打算投票给民主党的为 24 例，

IPP 指数显示为"民主党"但打算投票给共和党的为 10 例）背离了自身党派。而在 10 月份的访问中，这些人却已经将投票意图调整到与他们的 IPP 指数保持一致。余下 40% 的投票者仍是背离者。换句话说，这些转向者之中的背离者的比例在 5 月到 10 月间降低了 20%。因此，绝大多数改变意图的投票者在朝着其所属社会群体主流的投票趋势靠拢。[2]

表 15—1　　　　党派转向者和他们的政治既有倾向

政治既有倾向	选举意图的转变类型	
	民主党—共和党	共和党—民主党
共和党	24	4
民主党	16	10

如果再增加两个控制组，分别研究其在 5 月至 7 月、5 月至 8 月的转变，结果与上述情况相当一致。[3]

就选战所引发的选民的投票意图变化的程度而言，这些转变增加了社会群体的政治同质性。进一步的仔细研究证明，人们清楚地意识到选战重组了他们周围的政治氛围，使其更加贴近自己的观点。在选举前的最后一次访问中，我们提出了以下问题："从选战开始到现在，您的朋友和亲戚中有多少人面对自己可能如何投票的问题转变了自己的决定？他们朝哪个方向转变？"

为了对上述情形有更清晰的认识，我们只对那些始终持稳定的投票意图以及那些没有在 11 月的选举中投票的人们的回答做了研究。他们对于周遭事情的见解如何？回答见表 15—2。

表 15—2　　　从不同群体的受访者中观察到的转变方向　　　（%）

	大部分改变的方向		未改变[4]	总数
	选罗斯福	选威尔基		
共和党	2	54	44	100
民主党	17	22	61	100
"不知道"者	7	21	72	100

从表中我们看到，两大政治环境好似具有某种磁力，使人们拉近观

点与自己相近的人,而排斥异见者。换句话说,每个群体均缓慢而确定地在政治观点和行为上趋于一致。发生在共和党观察者周围的转变在绝大多数情况下是朝向共和党的,相反,无论是在哪里观察到的支持罗斯福的投票意图的转变,它们均是来自于民主党观察者的。

完全通过这种投射机制——即观察者只是注意到了那些支持他们心目中的候选人的转变——来解释这种结果是存在争议的。表15—2表明,情况并非如此,因为无论是民主党受访者还是共和党受访者均注意到了更多支持威尔基的变化。这暗示了观察者的观察结果的真实性,因为众所周知,随着选战的推进,该县越来越支持共和党。

家庭的政治结构

家庭是一个特别符合我们的研究目的的群体,因为其中的生活环境具有最大的类似性,而且家庭成员彼此间的交往比其他群体更为频繁。

8月份我们找了344名已经对如何投票做出决定的固定样本组成员进行访谈。这些人的家里还有另一位有资格投票的家庭成员。当时,78%的另一投票者准备与受访者投票给同一候选人,此外,有20%未确定,2%与受访者持不同投票意见。直到正式投票之前,这种状况依旧改变甚微。大选之后,413名固定样本组成员中只有4%的投票者声称家庭里的另一投票者与他们自己投了不同的候选人。[5] 偶然地,我们注意到了一个有趣的现象:临近选战结束时,成员间持异见的程度呈现轻微的增加。这和我们在第六章中发现的结果是一致的,即在多重压力下,人们会延迟做出最终的投票意图。

我们可以较为详尽地探究家庭里的内部关系的影响。在双方均决定投票的夫妻间,22对中仅有1对持不同意见;在家长和孩子之间,12对中有1对持不同意见:代沟增多了他们在生活和观点上的异见。在同样的家庭中,如同所有玩笑所强调的一样:"姻亲"之间的意见最可能不一致。5对中有1对表现出了在党派联盟上的不一致。

夫妻间近乎完美的一致性源于男性在政治环境中的统治地位。研究中有一项是询问每个受访者是否在近几周同某些人讨论过政治：45名女性说她们曾同丈夫讨论过选举；但是，在按同等比例随机挑选的男性中，只有4人表示曾同他们的妻子有过讨论。如果这些家庭讨论对于丈夫与妻子来说同等重要的话，那么对于两种性别间政治观点的交换而言，我们本会得到大致相同的数目。但是只有妻子清楚她们的丈夫的政治观点，丈夫没有感觉到自己在和妻子讨论政治，他们感到自己是在告诉妻子。而且，通过以下引述，我们可以看到，妻子们很乐意被告知。

"在以前的采访中，我对此没有任何想法，但选举迫近了，我猜我会投给民主党，并**和我的丈夫保持一致**。"

"我的丈夫一直支持共和党。他说如果投给不同的政党，我们的投票便没有作用。因此**我想今年我会让步，把票投给共和党**。"

这并不仅仅表现出个人观点的色彩，整体的兴趣程度也会在家庭成员之间显现其感染力。在有投票意图且对于选举有浓厚兴趣的男性中，只有30%的人称其妻子无意投票或者不知道投给谁。对于兴致较低的男性来说，这个数字是52%。

如果研究父亲和女儿，或者兄妹之间的关系，我们会发现男性在政治事务上有着相似的主导作用。

除此之外，家庭的政治同质性还可能延伸至几代人之间。我们的固定样本组成员被问及如下问题："你认为你的家人（家长、祖父母）一直极力支持民主党或者共和党吗？"9月份，整整四分之三的有投票意图的受访者顺从了家庭的政治取向。以下是两位认同了家庭模式的首次投票者在他们投票时经历的例子。

"很可能会投给民主党，因为**不这样的话我的祖父会剥我的皮**。"

"假如我可以注册上的话，我会投给共和党，因为**我的家人都是共和党人，所以我不得不那样投票**。"

这两位年轻的投票者，一位是男性，另一位是女性，为家庭影响提供了极好的诠释。他们既对选举没有多大兴趣，也都不关注选战。他们在首次投票时都接受了家庭的传统，并且很有可能保持该传统。在第一个例子中，甚至有运用家庭制裁强制晚辈做决定的潜在迹象。于是群体投票者便产生了。

那么，家庭内的哪些情况会有产生异见的例外呢？许多受访者认同那个年轻投票者所说的，政治上的一致是家庭和睦的代价。也存在大量因家庭关系紧张而导致不能达成一致意见的实例。

一个女孩曾讲到，6月份时她想投给民主党，因为她"喜欢民主党的候选人胜过喜欢共和党的候选人"。她"读到《柯里尔》上一篇关于共和党候选人的文章，觉得他们看上去很无趣"。她"觉得罗斯福作为总统干得不错"，并支持他的第三任期。这位女孩的父母却支持共和党候选人，由此导致了不少冲突。这位女孩的母亲告诉记者："她所做的恰恰相反。我一直觉得**她的观点就是要反抗传统，并有家长'僵化'的思想。"**

这位受访者最终屈从了，将票投给了威尔基。她说，"**我的父亲和朋友们认为不支持罗斯福的第三任期是一个好主意，因为那样的话，他就成了一个独裁者。**"

有理由认为，在如此要求一致的压力之下，不具备政治同质性的家庭背景的人们对于自身的政治关联更加不确定。图15—1对比了所在家庭在投票意图的一致性程度上有所区别的受访者中，改变政治立场者的数量。

家庭的政治态度

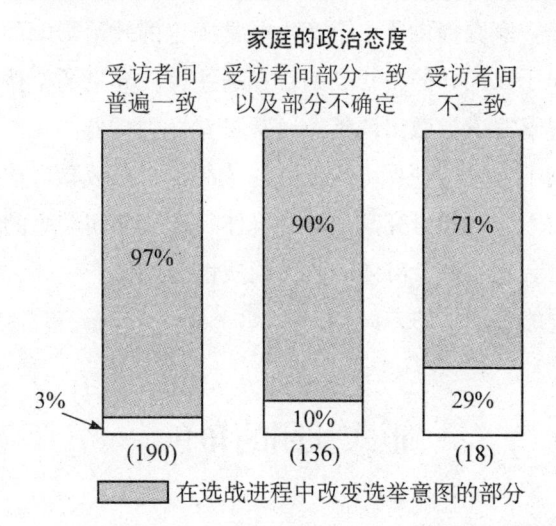

受访者间普遍一致	受访者间部分一致以及部分不确定	受访者间不一致
97%	90%	71%
3%	10%	29%
(190)	(136)	(18)

▨ 在选战进程中改变选举意图的部分

图15—1　家庭成员对选举的态度越不一致，越容易改变想法。

在具有一致性的家庭中，少于3%的投票者在8月份选战的最后阶段改变了他们的投票意图。但是假如某些家人还没有做出最后决定（图15—1中的第二组），接近10%的受访者在8月到10月间改变了投票意图。对于某些数量较少、确实存在不同意见的家庭来说，29%的受访者至少经过一次立场上的改变。

而且，当家庭成员在投票意图上不一致，并确定改变自己的想法时，他们转向了家庭中其余成员所支持的党派。10月份，在还未做出决定的选民中，整整81%的共和党家庭的成员支持共和党候选人，而71%的民主党家庭支持罗斯福。不管原因如何，无论是出于诚实还是出于对家庭的忠诚，家庭按同一模式投票——结果，随着选战的进行，家庭在政治上变得更加一致。

再者，假如所有家庭成员在8月份对于他们的投票意图不很确定，则有63%出自这种家庭的受访者在2个月后仍然举棋未定。但是一旦家庭里有人在8月做出决策，那么2个月后仍然未定的受访者比例仅有48%。换句话说，生活在一个成员们都已有投票意图的家庭里的人，相比生活在一个成员们都举棋未定的家庭里的人更可能在选举日之前做出自己的决定。

如此看来，家庭提供了一个产生非常确定的政治影响的环境。其所有成员都倾向于以同样的方式投票；在那些存在异见的个例中，情形的紧张程度使得家庭成员做出调整。经常是女性进行妥协，而且从她们那里，我们得到了导致这种妥协的家庭讨论的绝大多数参考信息。

没有理由不去这样研究其他社会群体。选战期间较高的政治紧张程度让我们有机会发现社会群体的政治同质性是如何产生的，我们现在正转向这个过程的更细致的方面。

正式社团的角色

我们的样本量太小，对特定的组织进行研究不太可行。但是我们可以区别那些属于正式组织和非正式组织的人们。在这些正式组织中，有两个关于成员关系的一般发现，它们既可运用到伊利县中，又可运用到曾经研究过的其他美国社区中。首先，我们发现任何既定组织的成员都有相当类似的社会—经济地位；其次，处于较低 SES 等级上的人们相对于处于较高 SES 等级的人，加入某个组织的可能性较低。(在 A 和 B 层次上，我们发现 72% 的受访者属于一个或更多的组织；随着 SES 的等级降低至 D 层次，属于正式组织的受访者的比例在稳定地下降。在 D 层次上只有 35% 的受访者属于某个社团。)[6]

有了这两个发现，我们的议题会让我们对这些组织的成员和非成员做出什么样的区分呢？我们预想，在每个 SES 等级上，组织成员的社会倾向相对于那些处于同一程度但不受制于社团的"分子压力"(molecular pressure) 的人们更强烈地被激发。我们必须意识到，只要在每个单独的 SES 等级上开展这样的比较，这个预想是可能的。

尽管共和党人的比例在高的 SES 等级上普遍较高，但是投票给共和党的趋势在那些加入各式社团的人们那里也很强烈（见图 15—2）。为什么？只是同其他人多会会面，甚至只是处于一个表面上不那么同政治紧密相关的组织中，难道不可能使选民的既有倾向被更多地激活吗？

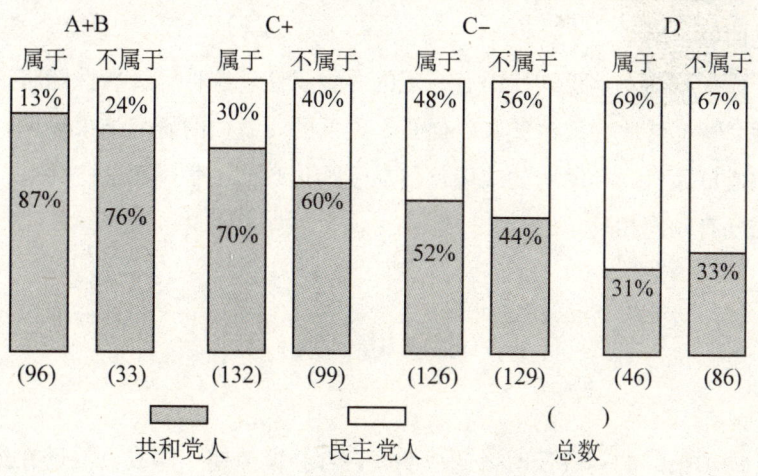

	A+B		C+		C−		D	
	属于	不属于	属于	不属于	属于	不属于	属于	不属于
	13%	24%	30%	40%	48%	56%	69%	67%
	87%	76%	70%	60%	52%	44%	31%	33%
	(96)	(33)	(132)	(99)	(126)	(129)	(46)	(86)

共和党人　　民主党人　　( ) 总数

图 15—2　在三个高 SES 等级上，在社团或相似组织里的成员身份能够强化选共和党的倾向。在最低的 SES 等级上，成员身份没有起到什么作用。

但是在社会—经济地位的较低处，我们的议题可能第一眼看上去不是那么正确。依据我们的论题，那些处于较低 SES 等级且成为社团成员的人们，通过同其他有类似状况的人的联系，应该有投票给民主党的趋势。但在图 15—2 中这个趋势不是特别明显。在 D 等级中参与组织很积极的人，属于共和党的可能性较低，更可能是民主党人，这是确实的。但是上述差别很小。在 C-等级上，选民参与的效果仍然是朝向共和党的方向。

但是，我们的议题并没有被这些结果驳倒。因为这些组织的第二个特性解释了图 15—2 的不规则性而且阐明了整个情形。那些属于组织且处于 C-或者 D 等级的人只是少数，从而很自然地被主导群体的威望所影响。

如果研究某种由处于 C-或者 D 等级的人所组成的组织，我们对于组织的正常趋势的期望——他们激活了成员潜在的既有倾向——的正确性，就可以清晰地体现出来。正如以上所述，在桑达斯基几乎没有这样的群体，但是工会确实满足了我们的要求。在工会中，处于 C-或 D 等级的工人相互交往并刺激，结果我们发现，在 C-或者 D 等级上，只有 31% 的工会成员投了共和党的票，然而却有 53% 的非工会成员投了共和党的票。

而在政治上，正式社团有一定的等级属性，这种等级属性能将成员的社会特征转化为政治关联。但是，相反的，我们的研究结果表明，就少数成员而言，社团内的威望价值易于强化政治关联，而这些关联与成员的既有倾向相反。

使意见一致

一项最终的观察证明，选战期间，社会群体使个体成员浸透在组织所接纳的政治意识形态之中。大体而言，想要为某个政党投票的人们基本上同意该政党的主要原则。正如我们所知，共和党支持者不支持第三任期，而对威尔基评价很高，认为从商经历比从政经历更重要，等等。民主党支持者对所有议题的认识都恰恰相反。不过在选战中期，即 8 月，仍旧有许多人抱着不确定的态度。比如，有 33 名认为从政经历对于总统来说更重要的共和党人，以及 30 名认为从商经历更值得期待的民主党人（关于这方面的更多数据见第五章）在选战过程中有趋向一致的趋势。在刚提到的人中，有超过一半的人（33 人）于 10 月前在投票意图与具体问题的观点之间达成了一致。但这种情况是如何发生的？人们最终支持了与他们意见一致的党派还是认同了其所属政治群体的主流观点？这个答案很清楚。有 30 人保持了对所属党派的忠诚，却为了维护自己的理论转变了他们的投票意图。[7]

不管我们采取哪种具体的观点，它都具有一贯的正确性。不一致的情况减少了，但是人们采用这种方式以坚持他们的投票意图，并开始以自己党派大多数人所采用的方式思考特定的议题。这样的结果与我们之前所述的观点非常吻合。如果某个人的投票意图在很大程度上是其所属社会群体的象征，那么我们不必对以下情形感到惊奇：人们对他们的思考方式始终不很确定，但却日渐一日地同他们生活的群体保持一致。从某种意义上讲，本章的内容可以总结为：人们不仅同他们所处的社会群体一起投票，而且支持该群体的投票行为。

作为一种社会经验的投票决定

我们该如何解释社会群体在政治上同质，而且选战会促进这种同质这个事实呢？首先，存在着这样一个事实，即在相同的外部条件下，生活在一起的人们很有可能发展出类似的需要和兴趣。他们往往通过同一个有色眼镜看世界；他们往往拥有共同的经历，运用共同的解释；他们支持在他们那种生命轨迹中取得成功的候选人；他们会支持候选人这样的纲领，即用他们自己的职业语汇来表达，符合他们具有共同"归属感"的群体的道德标准。

但这只是其中的部分情况。可能有很多群体成员实际上不清楚自己所在群体的目标。甚至还有很多群体成员虽然知道群体目标，但没有足够的兴趣自觉地将其与当前事件联系起来。他们所在的群体受到更多的在政治上活跃的同伴的持久影响，他们熟知自己所属群体的政治特征。我们又发现了激活的过程，该过程使得某些人在其他人的影响下激活了自身的既有倾向。但是，我们还在这里看到了个人交往对选民投票行为的直接效应。这正是我们必须详加研究的。

第十六章　个人影响的性质

同类人群中的人际关系促进了社会群体的政治同质性。但若想对这种人际关系——个人影响的政治作用——进行详细和系统的研究，需要系统地清点选民各种各样的人际交往以及他们在样本时间的若干天内所进行的政治讨论。与先前章节中讨论的人们对正式媒介接触的指数相类似，我们也会提供一个关于人际接触的指数。虽然全部数据在目前的研究中还没有被获取[1]，但就人际关系直接的政治影响而言，已经收集到的信息足以证明其重要性。我们的结论和感想无须通过更多正式的统计数据来概括。我们的研究突出了该领域的政治行为的重要性，但为巩固结论，更深入的探索是必要的。

与正式传播媒介相比，人际关系更具潜在的影响力。原因有两个：人际关系的覆盖面更广，并且比正式媒介具有某种特殊的心理方面的优势。

人际交往触及未做决定者

无论什么时候要求受访者报告其最近接触到的所有类型的选战传

播，政治讨论被提及的频率都要高于广播或印刷媒介。每天参与有关大选的政治讨论的人——或主动或被动——要比收听演说或者阅读新闻的人多出至少10%。而这些"额外"的人是那些尚未做出投票决定的选民。政治交谈更倾向于触及那些仍能够接受影响的人。

例如，在选战中较晚做出决定的人，在解释他们如何形成最终投票决定时，更多地提到了个人影响。我们同样发现，对大选不太感兴趣的人也更多地依赖这种交流而不是以正式媒介作为信息来源。在曾经不打算投票但最后又被"拉进来"的选民中，有四分之三提到了个人影响。大选之后，我们让选民回答这样一个问题："从哪些来源中得到的信息或感想最多，并影响了如何投票的判断？"那些在大选活动中发生过一些转变的人比那些始终保持自己的投票意图的人更多地提到了他们的朋友或者家庭成员。

两级传播流

在人际关系网中，"意见领袖"扮演着特殊的角色。在第五章中，我们曾提到他们要比其他选民更多地参与政治讨论，但他们却认为正式媒介是比人际关系更有效的影响来源。这就意味着信息是从广播和印刷媒介流向意见领袖，再从意见领袖传递给那些不太活跃的人群的。

有时，非常善言谈的人甚至会传阅一篇文章或指出一篇广播演说的重要性。重复一点，提及阅听信息是他们转变来源的人也会受到个人的影响。以一位决定选共和党的退休教师为例："改变国家的时机已经成熟……威尔基是一名教徒。**一个朋友读到并高度推荐**波林（Poling）博士在《基督教先驱》（*Christian Herald*）杂志10月号上发表的文章《温德尔·威尔基的信仰》（*The Religion of Wendell Willkie*）。"

"人际交往的覆盖面"如此之广，人与人之间的影响能够触及那些更易于发生转变的人，并成为正式媒介传播信息、施加影响的桥梁。但此外，人际关系具有某种心理优势，在运用"分子压力"的时候，能够使其有效地发挥作用,最后形成社会群体的政治同质性。下面,我们将讨论人际关系的五个特点。

人际交往的无目的性

反常的是,人际交往是无意地、无目的性地影响个人意见的。如果我们阅读或收听一篇演说,我们经常是有目的的。在这样做的时候,我们是带着明确的思维倾向的,这种倾向强化了我们对信息的接受程度。这种有目的的行为是我们政治经历的广阔领域中的一部分,我们把自己的信仰带到这种经历中,并渴望通过人们所说的话去验证它们、强化它们。这种思维倾向是抵制人际交往对意见的影响的。人们(特别是具有强烈党派观念的那些人)阅听他们已经认同的文章和演说的程度就可以体现这一点。

另一方面,我们不是为了政治讨论而与人相遇,所以,我们更可能在毫无准备的情况下受其影响。我们可以不费太大力气就能够避免接触新闻报道和广播演说,但随着选战的开展和争论逐渐激烈,我们却无法避免和别人谈论政治。和正式媒介相比,个人影响更具普遍性而缺少自我选择性。简而言之,政治能够通过人际交往比其他方式更行之有效地触及那些漠不关心的选民,因为它总会出乎意料地出现在随意谈话所附带的或边缘性的话题之中。例如,一位最初曾认为威尔基将是个好总统的饭店服务小姐后来改变了主意,她说:"我曾在报纸上读到一些威尔基的负面报道,但真正让我改变主意的是听到的传闻。很多人都不喜欢威尔基,饭店里的一些顾客说他不怎么样。"我们注意到,这位小姐是无意中听到了那些谈话。谈话作为"禁果"(forbidden fruit)[①] 非常有效,因为人们并不会怀疑谈话者有说服意图,自我防御也就不复存在。此外,人们会觉得自己具有"普通民众"的观点,想知道"观点不同

[①] 犹太教、基督教故事中上帝禁止亚当及其妻夏娃采食的果子。据《圣经·创世记》载,上帝将人类始祖亚当、夏娃安置在伊甸园中,告诉他们园中所有的果子都可以吃,唯有一棵"知善恶树"上的果子禁止吃。亚当、夏娃受蛇的引诱,吃了禁果,被逐出伊甸园。——译者注

者"如何看待大选。

这样被动地参与谈话和偶然地接触正式媒体是相对应的。例如，广播中的政治演说因为紧随在一个好节目之后而可能被人们听到。在谈话和正式媒体当中，这种偶然性的传播非常有效。而在人际交往中，这种影响又相当频繁。受访者一次又一次提到："我听到人们在工厂里说……我听到人们在商店里说……我丈夫在上班时听到……"等等。

反击抵制时的灵活性

但假设我们确实遇到了想影响我们的人，并假设这些人引起了我们的抵触情绪。人际交往和其他媒介相比还有另一个优点：由于其灵活性，面对面的交往能够制衡或者削减这种抵触。一位聪明的选战工作者，无论是职业的还是业余的，都能够利用大量的提示来达到他的目的。他会选择与他人交谈的场合，他会向那些可能感兴趣并能理解的人讲故事。如果他发现对方厌烦了，他就会改变主题。如果他发现引起了对方的抵触情绪，就可以先让步，给他人以胜利的满足感，过后再回到他原来的观点上。如果他发现讨论得到些许肯定，他就会努力将他的论据抛出。他能够发现其他人让步的那一刻，也就是他诉求的最佳时机。

广播和印刷媒介都不能做到这一点。它们必须把选民整体确定为宣传目标，而不是以某个特定个体为中心。在宣传和其他问题上，一个人的美味可能是另一个人的毒药。这也许会出现飞去来器（Boomerang）①效应，此时针对"一般"受众的、能够产生"一般"反应的论点在某先生身上失灵了。正式媒介对那些反感他们所读到和听到的信息，并朝反方向变化的人产生了较多的这种效应。但在把人际交往作为具体影响的58名受访者中，只有一人出现了飞去来器效应。面对面交流的灵活性无疑可以解释这一现象。

---

① 飞去来器是被澳大利亚土著当作武器或狩猎用的一种飞镖，如果击不中目标能飞回原处，此处引申为自食其果。——译者注

顺从的回报

当人们屈从于个人影响而做出决定时,随之而来的好处是即时性和个人性的。而当他们屈从于印刷媒介和广播中的论点时,情况就不是这样了。假如宣传手册上声称如果选对方党派就不是美国人或者就毁了未来等等,这种警告听起来太遥远或者太不可能了。但如果一个邻居说了同样的话,就会立即给那些不受影响或者不屈从的人以"惩罚":他看起来非常生气或伤心,他离开房间使他的同伴感觉被孤立。小册子只能暗示或描述未来的不妙,而活生生的人可以让他们立刻有这种感觉。

当然,人际交往的强大影响只是对那些不想离群的人而言。也有一些人从成为不遵从者中得到快感,但在一般情况下,这种人还是极少数。无论何时,只要另外一个人的宣传被认为具有一种普遍的群体倾向,就会比正式媒介有更多成功的机会,因为人们会从中找到一种社会归属感。例如,有一位到选战中期都决定选罗斯福的女性说:"我一直是个民主党人,我认为罗斯福总统是对的。但我的家人都支持威尔基。他们认为他能够成为一个好总统,这给了我很大压力。"而最后,她选了威尔基。可见人际交往对女性尤为重要。

人们在童年时代就知道顺从的好处。对大多数孩子来说,避免不安的最好方法就是按照别人告诉他们的去做。有些人在政治上没有坚定的立场,因此在选战中较晚做出决定,他们非常容易受到个人的影响。就像小孩子需要别人带领着走进自己不熟悉的领域一样。这里就有一个恰当的例子,一个年轻人正是因为"不这样的话我的祖父会剥我的皮"而打算选罗斯福。

对亲密消息来源的信任

更多的人依靠他们的人际交往帮助自己找到参与相关政治事件的理

由，而不是依靠冷淡的、非个人化的报纸和广播。持怀疑态度的选民可能会认为他从广播中听到或从报纸上读到的评价似乎都是有道理的，因为专业的作家能够比一般的选民更清楚地讲述选战结果，选民们仍旧怀疑这些问题是否会影响他自己的未来利益。也许这些信息来源的立场和他自己的完全不同。然而，他信任其所处群体中受他尊敬者的判断和评估，这些人中的大部分都是与他具有相同地位和兴趣的人。这部分人的态度要比那些不熟识的社论作者所做的判断更与他自己相关。通过正式媒介传播的内容是最多的，但面对面的交往最有可能使态度发生转变。例如，有一位对选战兴趣不高或者说几乎没有兴趣的年轻工人，本来到10月后期还不打算投票，他表示："我和工作间里的同事们谈论过大选问题，我现在相信我会投票，但还没决定选谁。"他和其他工人的接触不仅仅使他有了投票的意愿，还使他最后和同事们一起倒向了民主党一边。

一位对选战表现出极高兴趣的中年女性到10月后期还未做出决定，但最后选了威尔基，她表示："就在那天早上我和一个商人好友谈起了政治，他说如果威尔基当选，商业将会有所改观，并且威尔基承诺要使我们远离战争。罗斯福的确很强大，但他不该接受第三任期。"该女性的朋友显然向她表达了一种共和党的论调，正是她对朋友的信任影响了她的投票决定，并使她形成自己的意见。

相信另一个人的观点可能是由于此人的威信，也可能由于他说的话似乎有理或者与自身的利益相关。很显然，威信在所有的影响中起着巨大作用。在群体中影响我们的人威信越高，我们与其一致的程度越高。如果这个人非常重要，他呈现的结果的合理性似乎也就越大。（当然，正式媒介在这方面也很重要。）由于某种人际交往中的威信作用而使信任度增强的现象可以用下面一个例子说明，一位卡车司机最后决定选威尔基，就是因为一家商务公司里的一位地位显赫的总裁劝服他这样做。还有一位几乎没受过教育的中年家庭主妇，她从5月到9月一直决定选威尔基，但10月却开始动摇，最后则选了罗斯福。她不选威尔基的原因出于她听到自己认为的权威人士的言论:"我和克利夫兰凯斯大学(Case)① 的一位学生聊天,他们支持罗斯福,因为他增加了民众的休闲时间。我还和一位来自芝加哥并对政治十分感兴趣的男士说起这件事,他也不认为威尔基有足够的能力处理好国际事务。"

无信念的劝说

最后,人际交往可以将选民拉进投票队伍却不影响他对大选问题的理解——但正式媒介很少能做到这一点。报纸、杂志或广播在改变与行为相关的态度上的有效性是第一位的。有很多清晰的投票例子可以证明,这些投票并不涉及大选议题,甚至也不涉及候选人的个人特征,很多人投票并不是因为候选人本身,可以说,他们是为了自己的朋友。

"我被一个工人拉着去投票。他坚持让我去。"

"和我一起工作的那位女士希望我去投票。她带我去现场,**他们都投票给共和党,我也就那样做了。**"

简言之,由于个人感情和忠诚度的种种暗示,个人影响能使选民朝各方向投票,如果某位朋友坚持,他很可能投向与其最初立场相反的党派。这不同于正式媒介劝服那些没有兴趣的选民的方法,因为不需要给他们去投票的实质性理由。在提到人际交往和自己改变想法有关的选民中,整整有25%都无法给出关于选战的真正议题,以说明自己为什么会转变投票意图。但是,在那些提到正式媒介的人中,只有5%忽略了这一理由。当个人影响在这方面表现得最重要的时候,选民们不是在投票给某一候选人,而是在投票给他们的朋友。

---

① 指凯斯西储大学(Case Western Reserve University),位于俄亥俄州克利夫兰市,是该州最为知名的学府,私立非营利大学。从创校至今,该校培养了十几位诺贝尔奖得主。——译者注

实际意蕴

在某种程度上，伊利县的选举结果成为人际交往成功的最好证明。巧合的是，有一段时间，该地区的共和党机构要比其对手民主党机构更活跃有力。当问人们认为哪一方更有政治见解时，我们的受访者多回答是地方共和党政客，而不是地方民主党政客。有一些本不打算投票但后来又投票的人说，主要是受到了共和党游说者的影响，但我们却没有在民主党机构中发现同样的成功案例。

然而，我们不应该把在本章中讨论的人际关系与专业政治机构的努力等同起来。在大选中涌现出来的人际交往可以被称作是"业余机构"——富有激情的个体或者一些特殊的群体，他们试图激活在他们接触范围内的所有人。我们可以说最成功的宣传——尤其是最后一刻的宣传——是"围绕"那些投票决定依然模糊不定的人进行的，使他们除了参与投票别无选择。我们不知道政党是如何在不同的宣传渠道之间分配预算的，但我们怀疑大部分的宣传预算都花费在了小册子、广播时段等上面。然而我们的研究结果显示，调查的任务是找出在正式媒介上所花费的资金和组织面对面的影响时所花费的资金之间的最佳比例，这种面对面的影响力也就是地方"分子压力"，它通过更多的个人解释和丰富的人际关系以激发正式媒介，从而决定选民的投票行为。

归根结底，没有哪种媒介比人更能打动其他人。拥有更热情的支持者和通过专业的方式动员草根支持的一方有更大的获胜机会。

注 释

第一章

[1] 4个组在最开始全部都接近600人。但是在包含重复访问在内的任何问卷调查中,都会出现"失败率"的问题。那就是,在接连不断的回访中,总有一些联系不上受访者的案例。在此项调查中,失败率是由一部分拒绝重复访问的人造成的,有的是因为生病或旅行而暂时无法取得联系,有的则是因为永远离开该县或去世了。但我们已经尽了一切努力以保证失败率最低。在遇到困难的大部分案例中,前线主管人员都亲自试图重新赢得受访者的合作。在很多例子中,在一次访问中没有被成功联系上的受访者在下一轮访问中重新被汇集起来。在固定样本组中,7次访问中的失败率保持在14%以下,这一数字在之后的调查者的经验中被验证已经非常低了。对这些失败案例的特点的分析表明,这部分的数字相当小,以至于它们对总趋势的影响可以忽略不计。(Gaudet, Hazel and Wilson, E. C., "Who Escapes the Personal Investigator?" *The Journal of Applied Psychology*, XXIV, December 6, 1940, 773–777)

[2] 关于重复访问不会影响调查结果的论证将在另一篇论文中阐述。

[3] 我们希望在未来所有的选举中的类似研究均可行。对若干年的比

较应该在很大程度上提升任一个别结果的价值。因此，针对我们觉得在固定样本组研究中的这类颇为明智的改进多说一句话，现在回顾，发现它是非常恰当的：尽管我们对固定样本组进行了7次访问，将来仅用4次就足够了——一次在全国代表大会之前，一次在全国代表大会刚结束时，一次在选举前夕，另一次在选举结束之后。所节省下的人力物力可被用来把固定样本组数至少增加至1 000例。由于必需的交叉列表（cross tabulation）把我们局限在太少的人数内，研究中有大量更加精确但不能利用的结果。就访问中出现转变者的情况而言，一项更成熟的案例研究方法很可取，它可以用来了解转变者的背景和个性以及他们在思想发生转变时所处的特殊情境。读者将会发现文章在多方面指出的一些具体的改进方法。最重要的将是对面对面交往所起到的作用的更详尽的研究。此外，将来的研究应该从整体上增加对地方选战更具描述性的材料，尤其是地方政治委员会怎样花钱以及怎样从整体上观察人们在地方会议上的行为。最后，关于那些在选战中表现活跃的人们的信息很重要。换言之，我们认为就选民自身而言，我们的方法是成功的，并且应该在更广泛的基础上试验；然而，由于缺乏资金，我们不能获取选战展开后的具体地区中的更多信息对其进行补充，我们为此感到遗憾。

第三章

[1] 访问者的分级实际上仅覆盖四级：A，B，C，D。由于超过一半的人处在C类，我们便通过他们是否拥有电话这一简单问题将这些受访者进行次级分类，以便于获得更实用有效的分布。C类人中有电话的被称为C+，而没有电话的被称为C−。

[2] 对这些分级的系统讨论，见 Genevieve Knupfer, *The Measurement of Socio-Economic Status*, Columbia dissertation, 1943.

[3] See Frederick Mosteller, "The Reliability of Interviewers Ratings" in *Gauging Public Opinion*, Hadley Cantril, editor, Princeton University Press, 1944; 阿奇博德·克劳斯勒（Archibald Crossley）也做了实验。

[4] 重点见《生活》杂志对读者进行的连续研究。

[5] 根据人们一般的地位可以按不同的方式对他们进行分类。这些指数间的一般相关度约为 0.6。就与其他变量的关系而言，它们往往是可以互换的。换言之，大多此类指数将显示出社会—经济地位和投票之间的相互关系。

[6] 因为有大量可利用的例子，我们采用 5 月民意测验的数字对此进行分析。无论是对固定样本组还是控制组而言，无论是单独考虑还是综合考虑，无论在选战的哪一阶段，得到的结果都是相同的。

[7] 农民并没有被包含在分层当中，因为他们呈现出的问题比较特殊。在研究中，生活在乡村的居民比生活在桑达斯基城镇中心的居民更倾向于投票给共和党。

	共和党人比例		具有明确投票意图的选民的总数（5 月）	
	农民	非农民	农民	非农民
A+B	68%	69%	62	276
C+	55%	57%	89	472
C−	66%	42%	92	426
D	58%	21%	38	272

读者应该不感到奇怪，就 SES 等级而言，样本中最高的 17% 是一些工人（而不是农民）。这种分类是在一个小城市和其乡村环境的普遍标准的框架内进行的。

当然，在 SES 等级和职业类型之间有显著的相关度。在 A 和 B 等级上，80% 的人拥有"上层"职业，而在 D 等级上，仅有 8%。此外，两种职业群体内存在区别。在"上层"群体的较高 SES 等级上，我们发现了专业人士，而在低等级的同类群体中，我们发现了职员。同样，在工人群体的较高 SES 等级上，我们发现了有能力的商业人士，而无技能的劳动力处在这一等级的底层。

[8] 我们在 10 月询问了控制组而在 11 月询问了固定样本组。图 3—3 体现了这两组的结合。

[9] 如果分析属实，南部的天主教徒应该比新教徒更倾向于投票给共和党。（这方面的数据将会验证这种假说。）

¹⁰ 如果经济地位稳固，则会出现相同结果。在每一个经济群体中，年龄较大的新教徒更多地支持共和党，而年龄较大的天主教徒更多地支持民主党。在美国，由于受教育程度和年龄之间有非常紧密的联系——近来教育逐步普及，老年人比年轻人接受的教育少——这个结果也会因教育程度的不同而被影响。尽管如此，即便受教育程度恒定，年龄造成的差距依然存在（这在可靠数字的范围内是有效的）。

¹¹ 我们已经从这种关联中忽略了社会地位，因为社会地位往往并不被看作是一种主要的特征，而是从这些特征中衍生出的一种态度。

¹² 见附录部分对该指数的详细描述。

第四章

¹ 两组受访者向我们解释了他们转变投票意图的原因。一方面是我们的固定样本组成员，在访问和真正转变之间的平均时间跨度是两个或三个星期。这些受访者因此提及了近期的经历。另一方面是控制组，从心理学上讲，调查到的情况不甚令人满意。第一控制组没有被问及转变投票意图的理由。第二控制组在 8 月接受了访问；两次访问之间相隔三个月。第三控制组在 10 月接受访问，这意味着受试者的一部分转变可以追溯到六个月之前。这里很可能出现的情况是：在选战后期出现的因素代替了转变投票意图时的原初理由。由于同时存在主要的几类理由（经济原因、战争、第三任期），控制组所采用的理由无法得到证明。确实，这些理由出现的频率有很大不同。

如果涉及每一处用词的细微差别，情况就不同了。例如，如果一个受访者选择谈论经济原因并使用了"穷人的理由"，便没理由推测这种具体的选择能被他转变投票意图的时间影响。事实上，在某一主要范围内，对固定样本组和两个控制组来说，政党和争论之间具体的相互关系是相同的。因此，包括表内的两组数据在内，我们觉得这一结论是有道理的。

大体上说，我们从固定样本组和两个控制组中得到了同等数量的意见，尽管一组来自 600 人，而另一组来自 1 200 人。有两个原因造成了这一结果。其一是对固定样本组成员的访问完成得更加仔细，因此每次对他们进行访问后得到的意见的数量更大。进一步说，固定样本组包括摇摆者，即那些至少两次转变他们投票意图的人；而在每一个成员都仅接受过两次访问的控制组中，没有人发生超过一次的转变。

文中的引语均来自对固定样本组成员的访问。

[2] 受访者之所以提及支出和国债，可能是因为他们认为这是对罗斯福的工作纲领和其他新政改革措施的间接打击。从经费的角度来看，它们是易受非难的。尽管如此，它们在阶级性的理由中被忽略了，以保持分类的严格性。在共和党人中，提及支出和国债的频率几乎是提及阶级性的理由的频率的五分之二，研究者应该记住它们的阶级特征。

[3] 此后我们将谈及共和党和民主党中的转变者，以指出那些做出转变以支持其中一个政党的人。例如，一个共和党人的转变可以包括三个阶段中的任意一个阶段：从支持民主党转向支持共和党；从"未决定"转向支持共和党；或者从支持民主党转向"未决定"。

[4] 唯一的例外是 20 世纪初的西奥多·罗斯福（Theodore Roosevelt）政府。知道我们的问题在那个时期如何被解答会非常有趣。当然我们永远不能知道；但至少可以希望，当未来的选战引发新的问题时，社会科学家回想起来将会发现像现在这样的报告是有用的。

[5] 1940 年，候选人的职业和身份究竟在何种程度上促进了这种差别的产生确实是个问题。这一点可以通过设计诸多测试——从狭窄兴趣的表达到宽泛兴趣的表达——来进一步测量。例如，受访者可能会被要求指出他们寄予了期望的从政和从商人物的相对威望。或者，检验他们所读到的信息，以发现当前事件所起到的作用。或者向他们出示一幅一大群人聚集的画面，问他们那意味着什么（这一画面会被一些人认定是一次政治会议）。

[6] 关于认同某一方的指数的详细建构，见附录部分：认同某一方论点的指数。

第五章

[1] 关于兴趣和行为的一种不同的要素分析方法将见于另一篇论文。

[2] 见附录部分对这些指数的详细解释。

[3] 我们邀请了对统计感兴趣的读者,对他们进行了独立的计算,如果不考虑受教育程度的话,年龄差别会被完全地掩盖。这一点可以通过重新计算与受教育程度无关的、对选举有很高兴趣的受访者的比例看出。

[4] 我们采用5月的民意测验对此进行分析,因为它给我们提供了大量可运用的数字。尽管如此,如果我们仅对那些实际上没有投票的固定样本组成员进行分析,结果也是一样的。

[5] 总的来说,我们的当地访员在整体上能够非常好地识别伊利县的居民,而且他们同意,那些依照我们的等级被划分为意见领袖的受访者从总体上来说都是在他们各自的社会群体中有影响力的成员。

第六章

[1] 我们在本章中给出的兴趣度是通过第一次访问得出的。换言之,是受访者在选战开始时的兴趣度。大多数受访者在选战进行中都保持最初的兴趣度。

[2] 这种关系与库特·卢因(Kurt Lewin)所发展的心理学上的"场论"相似。在发展其理论的过程中,卢因指出,例如,如果一个孩子受到一种向某一目标前进的心理上的驱动,而同时有同等的反作用力使其背离目标,他就会通过回避这两种作用力而不是朝着某一方向来"解决"这一问题。换言之,"合力"使之离开这个场。

第七章

[1] 如果将一个人和这些转变结合起来,他或者被分至摇摆者一组,或者被分至政党转向者一组。也就是说,如果某人的态度渐趋明朗而后又摇摆不定,他便被认为是摇摆者。如果他的态度原本渐趋明朗或者摇

摆不定然后转变了支持的政党，他便被认为是一个政党转向者。

[2] 数据如下：

	兴趣盎然者的百分比（%）	没有或有一项多重压力者的百分比（%）	总数
稳定者	43	79	196
拿不定主意的摇摆者	29	71	41
逐渐明朗者	21	58	109
在政党间游移的摇摆者	20	40	15
政党转向者	17	33	30

[3] 随着调查从稳定者到一政党转变者再到两政党转变者，多重压力的因素变得相对更加重要，而兴趣因素的重要性减小。如图7—2所示（两个中间段，水平地，代表着两种因素彼此不一致），对于稳定者来说，兴趣与多重压力的比例约为7∶1，而一政党转变者的比例是5∶1，两政党转变者的比例仅2∶1。换言之，两种因素的相对强度是不同的：在稳定者中，兴趣因素相对较强，而在两政党转变者中，多重压力因素较强。

第八章

[1] 根据IPP指数，我们对在5月还没有做出决定的受访者进行了细致的分类，结果得出了10月关于受访者的投票意图的下列分布：

10月投票意图	IPP指数					
	坚定的共和党	温和的共和党	不坚定的共和党	不坚定的民主党	温和的民主党	坚定的民主党
共和党	9	16	39	10	9	4
民主党	3	11	18	26	26	12
逐渐明朗者的总数	12	27	57	36	35	16

这与更早时第二次访问控制组——一组在7月，另一组在8月——得出的结果相同。

[2] 人们根据他们的政治既有倾向对信息进行选择性接触的事实，仅仅是遍及整个传播研究领域的较普遍规律的一个特例。人们对信息的接

触总是有选择性的；换言之，人们的意见和他们选择阅听的内容之间存在着正向关系。

在我们的固定样本组中，约有一半的人态度稳定，即他们在从5月到10月间没有转变投票意图。下面的表格显示，态度稳定的共和党人在整个这一阶段更愿意接触共和党的传播信息，而民主党人更愿意接触民主党的传播信息。

投票意图	所接触信息的主流政治色彩			
	共和党	中立或两者都不	民主党	总数
共和党	67%	12%	21%	135
民主党	23%	13%	64%	95

要解释这一结果必须再提及两组要素：社会机制和心理机制。从心理学方面看，至少有两项因素在起作用。首先，人们可能存在着一种强化自身观点的愿望。在第九章的开篇我们会对这种现象进行更详尽的讨论。其次，在没有产生厌倦情绪以前，阅读自己熟悉的东西可能是一种愉悦的经历。女性听日间连载小说便是这一方面的例证。在政治危急时刻，人们出现了一种倾向，即无休止地听评论员数个小时讲同一个故事。然而，这些倾向——找回自信心与对熟悉材料的兴趣——需要我们进行深入研究。

正如文中指出的，一方面，我们通过环境筛选了传播信息。另一方面，我们又具有群体一致性。大部分人读报都为了读每日新闻、体育版、连环画等等。大部分报纸上的这些材料都相同，但一位共和党人会偏好于从共和党报纸中获取这样的材料，以表明自己所属的政治群体。在选战时期，当报纸开始对当前大事件发表明确观点时，两个群体便发现自己越来越多地接触己方的论点；如果人们不是出于忠于自己一贯支持的报纸的惯性，他们是否更不情愿接受更平衡的传播信息，这一问题无法确定。相对听广播来讲，如果某人在读报纸时表现出更明显的接触偏向，后一观点便可以被证实；但我们没有如此广泛的材料支持此测试。

顺便提及一点，阅读报纸的惯性这一现象至少可以通过部分反面的例子说明，即那些更多地接触对方政党宣传的人。可能有一部分人偶然通过带有对方政治色彩的报纸获取日常新闻，结果在选举时毫不犹豫地转变了投票意图。至于广播，接触对手演说的情况大多发生在一般对政治广播节目不感兴趣的人身上，并且仅在他们调台碰巧赶上候选人发表演说时。当然，这会使人们接触到的两政党的信息更加平衡。

后一观点有助于解释我们在主要结论中的一项值得注意的微妙之处。我们可以根据人们对选战的兴趣的不同将他们分为两组，兴趣程度最高的为一组，兴趣程度低的为一组。对于具有更高兴趣的人们来说，传播的偏向更强（见图9—1）。然而，这个结果的实质非常复杂。如我们所见，感兴趣的人在他们接触信息时更易有偏向，而对信息带有偏向的接触又强化了人们的兴趣。该结果需要深入研究。显然，其实践的重要性在于，人们在某一政治观点上陷得越深，他们也就越会回避可能引发争论和争议的观点。

[3] 实际上，做决定本身就会导致选民接触信息的增加。一场选战就像一场激烈的足球比赛，而非一次深入的洞察研究。已经做出决定的选民并没有在游戏中出局——他们恰恰在其中。对大部分美国人来说，竞争中的对抗行为使个人在决定支持某一方时的疑问相形见绌。（见第十三章对选战传播中的竞争要素的说明。）因此，出现了选民对政治的兴趣和热情在他做出个人决定之后增加的情形。有重大的行为做先导，热情随时会增加并且复始不断。

为了说明投票意图对接触信息的影响，让我们比较那些在8月有投票意图和没有投票意图的人在选战后半段接触信息的分值。（换言之，比较下面表格中的第一行和第二行。）表格中的数据显示，那些有投票意图的人（第一行）比那些没有投票意图的人接触了更多的宣传信息。这种比较在四个不同的群体中分别进行，目的是为了控制在选战前半段接触信息的数量。在接触信息的每一程度上，那些在8月已经做出决定的人，在9月—11月接触信息的平均量要高于那些在8月还没有形成投票意图的人。根据同样的程序，我们可以指出拥有投票意图会以同样的方式影响选民对选举的兴趣程度。

	9月—11月接触信息的平均值 5月—8月的信息接触				总数 5月—8月的信息接触			
	高	中	较低	低	高	中	较低	低
在8月有明确投票意图	16.9	11.7	8.4	4.8	100	119	122	48
在8月没有明确投票意图	14.7	9.4	6.8	3.0	13	14	37	53

第九章

[1] 这种党派性的接触并不局限于政治,在其他传播领域的应用也已经建立起来。例如,教育广播所到达的听众主要是那些最不需要它的人。在近期关于多样的国内少数派对美国人民生活贡献的一系列广播节目中,每一个节目的听众主要是由那些被颂扬的特定的少数群体成员组成的。这种接触可以延展到商业性传播:人们倾向于阅读那些关于他们已经拥有的物品的广告,并且收听由那些生产他们大多数重要的财产或物品的公司所赞助的节目。

[2] 这代表的仅仅是我们在激活的例子中所看到的实际情况的拓展。在关于激活的例子中,未决定如何投票的人们选择了与他们的政治既有倾向相适宜的传播信息。然而在此处,情况之所以得到强化,不仅仅是因为政治既有倾向,在大多数例子中,还因为选民的投票偏好有利于他们对政党传播信息的选择。

第十章

[1] 具有稳定政治偏好的人们接触信息的平均值是10.9;而"不稳定者"接触信息的平均值是9.3。

[2] 数据如下：

接触偏向	9月—11月对信息的总体接触			
	非常高	比较高	比较低	非常低
主要接触己方信息	66%	63%	55%	53%
平衡接触或者不接触	11%	11%	14%	11%
主要接触对方宣传	23%	26%	31%	36%
总数	122	117	107	47

第十一章

[1] Louis Bean, *Ballot Behavior*, American Council on Public Affairs, 1940.

[2] 为了考察选战的最终影响，我们也可以转变方法，追踪部分倒戈者。如我们所见，那些大部分背离了和他们的 IPP 指数相一致的政党的人，而后又转回支持该政党，他们会再次发生倒戈并被强化。同样，那些投票意图与他们的 IPP 指数相反的人通常以投票意图与 IPP 指数的相一致而告终。他们也会再次发生倒戈。换言之，仅有少量的部分倒戈者最终被划分到真正的倒戈者之列。

第十二章

[1] 这些相关度是根据 10 月访问的 1 200 人做出的回答所得出的，那些既没有对获胜者有预期也没有投票意图的人被忽略不计。在那时没有足够多的人处于最低兴趣程度上，因此我们无法计算第三种相关系数。

[2] 一般来说，选民的决定与其 IPP 指数一致，但当 IPP 指数的差别受到控制时，选民的预期就会影响他们的投票意图。一个在 IPP 指数上倾向于共和党的受访者如果预期威尔基会获胜，就会比预期罗斯福获胜时更倾向于投票给共和党。

10月时的投票意图	5月时没有投票意图			
	共和党 IPP 指数		民主党 IPP 指数	
	共和党预期	民主党预期	共和党预期	民主党预期
共和党	9	16	4	3
民主党	6	16	8	27

³我们已经知道，对获胜者的预期和投票意图之间一般来说具有高度相关性。两个心理过程可以解释这种关系：其一是在文中讨论过的"从众"效应。在这种情况下，预期影响投票意图。然而，也有一种可能就是"投射"，即人们可能把他们自己的投票意图投射在其他人身上，并且期望别人和自己采取一样的行为方式。这种情况下，可以通过人们把对获胜者的预期转变为投票意图的结果来解释它们的相关性。一项更详细的统计分析指出这两个过程——"从众"效应和"投射"——所起到的作用，但是前者往往更重要。在即将发表的另一篇论文《两个相关要素的彼此互动分析》中有证据能够证明这一点。

第十三章

¹关于本章的详细阐述，见 Douglas Waples and Bernard Berelson, *Pulic Communications and Public Opinion*, Chicgo, mimeographed, 1941. 韦普尔斯（Waples）博士对本章中的分析工作做了特殊贡献。同时也感谢 N. C. 莱茨（N. C. Leites）博士和伊锡尔·普尔（Ithiel Pool）先生所做的贡献。

²该分析包含候选人以及他们的支持者所作的 28 次主要广播演说的部分和一些当地广播台播出的新闻广播。在杂志方面，分析覆盖的选战材料来自在该县具有最广泛阅读率的 7 种杂志——《生活》（*Life*）、《柯里尔》（*Collier*）、《自由》（*Liberty*）、《星期六晚邮报》（*Saturday Evening Post*）、《读者文摘》（*Reader's Digest*）、《时代》（*Time*）以及《瞭望》（*Look*）；总计有 64 篇杂志社论或者文章作为样本。对报纸的分析总共有 158 篇新闻，包括关于选战的头版新闻和 4 家主要报纸的政治专栏作家的文章，如沃尔特·李普曼（Walter Lippmann）、多萝西·汤普森（Dorothy Thompson）、保罗·马伦（Paul Mallon）、杰伊·富兰克林（Jay Franklin）、瑞·塔克（Ray Tucker）。在这些范围以及文中指示的时间段之内，不论其是否直接涉及"问题"，我们的分析覆盖了关于选战的所有事件。

第十四章

[1] 我们有证据表明，事实上，人们在这一阶段比在其他任何阶段对选战材料的接触程度都更高。在选战的不同时期，受访者：

（a）被问及他们收听了前段时间广播的 5 个主要政治谈话节目中的哪一个。

（b）被询问他们声称经常阅读的报纸的前一天的头版新闻，问他们读过其中哪些关于选战的报道。

（c）被要求阅读一份出现在大众杂志上的关于选战的文章的列表，并让他们指出哪些已经读过。

下表中的数字代表至少接触了媒介上的一篇报道的受访者的比例。

访问时间	所接触的媒介		
	广播	报纸	杂志
7月（全国代表大会期间）	42%	29%	17%
9月	28%	*	21%
10月	54%	51%	26%

＊没有被问及

[2] 为了对接触信息的程度"高"和"低"的群体进行区分，在所有可得到的关于固定样本组的传播数据的基础上，我们发展了接触信息的指数。这些指数为每一名受访者提供了一个合成的分值，以指出他们通过阅读杂志报纸或是通过收听广播接触到的政治材料的相对数量。通过这种方法也可以确定他们对所有信息来源的总体接触程度，时间范围包括整个选战阶段、在早期的几个月（从 5 月到 8 月）以及临近选举前的两个月。关于这些指数的详细建构，见附录部分。

[3] 对信息的重复接触在三种大众传播媒介上形式相同。大部分曾在某时通过报纸接触了政治新闻的人，也会在另一时间接触到这些信息。他们在对广播和杂志上的材料的接触中也有相同的关系。

[4] 数据如下：

	接触信息的平均值	总数
高中或以上受教育程度		
男性	11.5	156
女性	10.2	183
45 岁及以上	11.8	99
45 岁以下	10.4	240
城镇	11.2	179
乡村	10.3	134
A，B	13.3	54
C+	10.3	110
C−	10.3	106
D	9.6	43
兴趣盎然	12.3	142
兴趣适中	9.2	138
无兴趣	7.7	9
有明确投票意图	11.0	261
不知道投票给谁	9.0	16
不打算投票	7.9	24
没受过高中教育		
男性	9.8	111
女性	7.7	113
45 岁及以上	9.1	158
45 岁以下	8.3	66
城镇	8.8	128
乡村	9.2	96
A，B	10.5	23
C+	9.0	60
C−	8.4	73
D	8.1	68
兴趣盎然	10.9	45

续前表

	接触信息的平均值	总数
兴趣适中	8.4	136
无兴趣	5.7	24
有明确投票意图	9.5	153
不知道投票给谁	7.4	11
不打算投票	6.3	45

[5] 在这一点上,让我们回顾伊利县拥有的报纸的情况。在桑达斯基有三份县内发行量非常大的报纸。此外,《克利夫兰实话报》也有大量的县内居民读者。对于这种类型的县区来说,报纸很受欢迎。当然,如果它们在国家的首府也许会更好。

[6] 对这一点的分析,见"Biographies in Popular Magazines," by Leo Lowenthal, in *Radio Research*, 1942—1943, edited by Paul F. Lazarsfeld and Frank N. Stanton, New York, 1944, pp. 507 - 548。

第十五章

[1] 人们以群体方式投票的说法并不十分令人满意。因为人们属于各种各样的群体,所以下列问题需要深入研究:他们最可能跟随**哪一类群体**投票?近似方法是选择一组样本并将他们所属的群体编制清单。可能有家庭、同事、家庭的伙伴、邻居和"他们所陪同的"人的群体。我们需要每一个受访者提供一份关于其所属群体成员及他们的投票意图的列表。

因此,首先,我们将对不同类型群体的政治同质性进行测量。这被称为是对社会研究中的社会计量法的拓展。

就这些群体对受访者的影响而言,不同群体的等级顺序对每个个体来说不相同。一些人希望和他们的商业伙伴一致,而另一些人希望和他们的邻居一致。因此,在下一步寻找这样的一些人是非常明智的,即那些发觉自己处在两个或多个具有不同政治意见的群体的交叉点上。在具体的案例研究中,我们试图了解人们在何种程度上意识到这种冲突,以及他们依照何种标准做出决定。在所有这些研究中，对不同的群体进行客观定位当然是必要的。

在我们的研究中，关于这一点我们没有精确的数据。取而代之的是我们可能要考虑以下信息。在最后的访问中，一份可能已经影响其投票决定的来源列表被呈递给受访者。

"在哪些来源中，你得到的信息最多或者印象最深，使你形成了在如何投票上的判断：亲属、商业交往中或者工作上的伙伴、其他的朋友或者邻居、公众演说者（不是广播）、候选人的个人访谈、政党工作者本人、从政党工作者那里打来的电话、政党资料、新闻影片、杂志、广播、报纸？哪些是你所选出的对你而言最重要的来源？"

下表具体指出了对男性和女性而言，三种可能的来源——亲属、朋友和商业交往中的熟识者——多长时间被提及一次，无论是作为诸多影响之一还是作为最重要的影响。

	男性	女性
有影响力的：*		
亲属	5%	33%
商业交往对象	33%	8%
朋友和邻居	14%	23%
没有把人际交往作为来源	56%	52%
最重要的：		
亲属	**	14%
商业交往对象	19%	5%
朋友和邻居	4%	6%
没有把人际交往作为来源	77%	75%
选民总数	215	198

* "有影响力"的群体所占的比例加在一起超过百分之百，因为每一位选民都会指出一种以上的具体的人际交往类型。

** 低于5‰（原文为"低于1%的二分之一"）。——编者注

一项相似的比较显示了商人和专业人士、工人以及农民之间的不同。

	白领工人	手工业工人	农民
有影响力的：*			
亲属	5%	8%	8%
商业交往对象	38%	41%	8%
朋友和邻居	8%	17%	25%
没有把人际交往作为来源	57%	47%	70%
最重要的：			
亲属	3%	1%	3%
商业交往对象	17%	28%	5%
朋友和邻居	1%	4%	10%
没有把人际交往作为来源	79%	67%	82%
选民总数	76	96	40

　　* "有影响力"的群体所占的比例加在一起超过百分之百，因为每一位选民都会指出一种以上的具体的人际交往类型。

　　[2] 关于观点和既有倾向趋于一致的迹象将在本章的后一部分更详细地讨论。

　　[3] 数据如下：

政治既有倾向	投票改变的方向	
	民主党—共和党	共和党—民主党
共和党	8	3
民主党	8	10

　　[4] 包括在那些未转变投票意图的人当中的，是在两个方向上都能看到转变的那一小部分受访者。然而，在每一个群体中，在"没有"反应的总数当中，这部分的比例不超过10%。那么，包括这些人在内，对44%的共和党人，61%的民主党人以及72%没有明确偏好的人来说，他们没有注意到自己周围的人在投票意图上有什么变化。可以这样解释这些不同：因为（1）民主党人在整体上没有共和党人的受教育程度高，因此对这些转变的意识较弱；并且（2）没有明确偏好的人不仅在这些方面兴趣寡然，此外，他们可能被那些不太可能转变投票意图的人所包围。

[5] 11月,有一些不是很确切的例子,在回答这个问题时,我们不确定人们在决定投票意图时是否受限于他们的家人,或者是否参考不和他们住在一起的亲属的意见。这种不确定基于一个事实,就是在8月,受访者被要求明确指出每一位家庭成员的投票意图,而在11月,我们仅问了一个概括性的问题:"在你的家庭中,有人和你的投票不同吗?"从接下来的核查结果来看,我们很满意的就是这种不确定在任一方向上对结果的影响都不超过1%。

[6] 数据如下:

SES等级	在所属团体中的比例	总数
A、B	72%	158
C+	56%	336
C−	44%	353
D	35%	204

7. 我们将在另一篇即将发表的论文《两个相关要素的彼此互动分析》中对该问题详细阐述。

第十六章

[1] 与收听广播和阅读报纸中的任何一个相比,有两个方面都使得获取一项人际接触的指数更加困难:其一是记忆因素。广播演说确实是独特的事件,并且人们听到的那部分可能并不太多。因此,只要他们被要求回忆起他们曾经接触过的广播演说,便不会犯太大错误。对报纸来说,就更简单,因为我们可以在他们面前拿出整张报纸,他们的陈述就会非常可靠,就像我们在利用同一方法进行的不同研究中见到的那样。但是人与人之间每天都碰面,人们几乎不太可能想起他们讨论的每一件事。至少,我们首先有必要按文中的建议,做一些关于人际交往记录的实验。

对此,我们附加了自我意识这一要素。如果人们知道他们必须对自己与他人谈论的话题进行记录,他们在选择话题方面很可能受到影响。广播记录已经被测试了,并且看来保持这种记录能让人大致知道他们的收听内容。但这可能归因于一个事实，即收听广播是一件更加标准化的事务；而与人交谈更灵活，也因此更容易被系统记录的要求所影响。

我们希望在此方向上的实验能够更加深入。

附录 指数的构造

文中有多处都提到我们所构造的指数，以有助于研究选民的政治既有倾向、政治活动和态度。以下是对每一指数的简要解释。

政治既有倾向指数（IPP）

对投票者的研究表明，对于投票，具有最佳预测价值的三个因素是：宗教信仰、SES 等级以及居住地。该指数是通过在每个 SES 等级上对宗教信仰和居住地进行分层而形成的。一位富有的信仰新教的农民的 IPP 值是 1，这意味着他具有强烈的共和党既有倾向，而一位居住在伊利县城镇中心，处在最低 SES 等级的天主教徒的 IPP 值为 7，这意味着他有强烈的民主党既有倾向。赋值方法如下：

	新教徒		天主教徒	
	农村	城镇	农村	城镇
A, B	1	2	3	4
C+	2	3	4	5
C−	3	4	5	6
D	4	5	6	7

155　附录　指数的构造

根据这个指数，我们发现 5 月份受访者的政治既有倾向的分布如下：

分值　　　　　　　　　人数
1 ————————— 148 ⎫
2 ————————— 289 ⎬ 共和党既有倾向占支配地位
3 ————————— 467 ⎭

4 ————————— 319 ⎫
5 ————————— 283 ⎬ 民主党既有倾向占支配地位
6 ————————— 97 ⎭
7 ————————— 47

政治活跃度指数

结合受访者对以下问题的回答，我们可以衡量他们对选战的参与程度：

"近期您试图劝服过某人接受自己的政治观点吗？"

	分值	频率
是 ———————	2	74
不知道 ———————	1	1
否 ———————	0	429

"为了使自己支持的候选人当选，您做努力了吗？"

是 ———————	2	69
不知道 ———————	2	1
否 ———————	0	424

"以下哪些说法最符合您对选举的感受？"

"我很渴望我的候选人当选" ——————— 2　　301
"我希望他当选，但这对我来说并不特别重要" ——————— 1　　117
"谁当选对我来说没什么区别" ——————— 0　　86

每个选项后插入的分值表明其对参与指数做出的贡献，得分为 6 代表选民的政治兴趣和参与活动的程度最高，得分为 0 则表明选民对选举持几乎完全冷漠的态度。

意见广度指数

在研究过程中，我们向受访者提出当前公众感兴趣的许多问题以测定他们的立场。总会有一些人不发表看法，这正是该指数所要获得的信息点。本着确定他们的意见广度的目的，在这里，我们并不在乎他们的观点是什么，而仅仅关注他们是否有观点。

我们对固定样本组和控制组各问了 5 个问题，如果每个受访者对每个问题都表达了观点，他即得到 5 分，而每回答一次"不知道"，则会失去 1 分，每个受访者的得分可以让我们深入观察他的"意见广度"。

问题如下：

固定样本组

"你认为哪个更重要——一位有能力处理欧洲局势的总统还是一位有能力处理国内经济问题的总统？"

"对于征兵法案的通过你有何感受——赞同还是反对？"

"你如何看待罗斯福竞选第三任期——赞同、反对还是觉得与你无关？"

"当前，美国应该采取什么措施来帮助英国？"

"对于工会，你大体上有什么看法——是好事还是坏事？"

控制组

"你认为哪个更重要——一位有能力处理欧洲局势的总统还是一位有能力处理国内经济问题的总统？"

"你认为罗斯福作为总统表现如何？——好、一般还是不好？"

"你如何看待罗斯福竞选第三任期——赞同、反对还是觉得与你无关？"

"你认为威尔基会成为一位什么样的总统?——好、一般还是不好?"

"如果你不得不在一位有从政经历和一位有从商经历的人之间选择总统,你会选择哪个?"

围绕选战的杂志阅读指数

受访者被问及出现在最近几期杂志上的几篇特定的文章。这个指数只是清点一下受访者阅读的与政治事件相关的文章的数目。

围绕选战的报纸阅读指数

访员问及受访者的报纸阅读习惯。他们阅读当地报纸上不同的专栏作家的文章的频率是多少?他们知道多少关于选举的头版文章?他们是从报纸上了解政党的全国代表大会的吗?受访者阅读报纸的行为越频繁,用来描述他们接触报纸上的政治材料的得分越高。

围绕选战的广播收听指数

受访者被问及是否听过特定的广播演讲。每当他们做出肯定的回答时,就会得到一个正分数;他们也被询问收听政治性会议以及一般意义上的政治演讲的情况。每个表明对广播政治材料予以了关注的回答都会得到一个"收听政治广播"的高分。

对选战的总体或整体接触信息指数

总体接触信息指数只是一系列特定指数的总和。这些指数表明了受访者阅读杂志文章的数量，阅读报纸上的政治材料和其他新闻的程度，收听政治性的以及其他新闻的数量，接触新闻短片、政治讨论以及公众集会的程度。这些简单的独立指数的平均值就是总体接触信息指数。

该指数包含下列问题：

"在报纸中，关于这些内容（共和党全国代表大会、民主党全国代表大会）你读到多少——很多、只有一些、仅仅看了标题还是根本没有看？"

"最近有没有读过杂志上的文章？"

"你通过收音机听到新闻广播的频率怎样——经常、偶尔还是从不？经常是你还是其他人打开收音机？"

"近期你有没有从收音机中听到演说？"

"在我们来之前，你是否听到过其他人（家人或者朋友）讨论国内政治问题？"

"你看到威尔基在火车站发表演说了么？"

"昨天你读到了哪些关于选举的报纸头版的报道？"

"在选战期间，你是否通过收音机听到过政治演说：很多、有时、很少或从没有？"

"近期，你和谁讨论了国内政治问题？"

"你通常多久去看一次电影？你看过以下的新闻短片么？"

"你和家人（朋友）谈论更多的是——政治选战还是战争？"

每一项回答如果表明受访者读到或者听到了政治传播信息，与回答没有接触过这种信息的人相比，他将获得更高的分值。我们可以用这种方法确定选战的两个阶段——5月到8月以及9月到11月——的总体接触信息的情况。

政治接触偏向指数

设计该指数是为了表明受访者是主要接触共和党的材料还是民主党

的材料。本着该目的，研究受访者收听的演讲以及其阅读的报刊杂志文章的政治内容是很必要的。

每阅读、收听支持共和党人的一条新闻，受访者就被赋予一个正分；每阅读、收听支持民主党人的一条新闻，受访者就被赋予一个负分。如果他收听罗斯福、华莱士或者伊克斯（Ickes）的演讲，或者在报纸或杂志上阅读一篇赞扬新政的文章，或者收听或阅读关于民主党全国代表大会的材料，他的接触信息分数就会倾向于民主党人。相反，如果他收听威尔基或者约翰·L·刘易斯的演讲，或是阅读共和党报纸的社论，或是收听或阅读关于共和党全国代表大会的材料，他就会得到一个指向民主党倾向的正分。所有这些分数的总和表明了受访者接触信息的政治色彩。

这个指数由两个主要的选战阶段的得分组成：一次是全国代表大会阶段（5月到8月之间），另一次是9月到11月之间的那个阶段。

认同某一方论点的指数

在10月的访问中，每个受访者被问及是否认同当时在选战中流行的8种理由：

"罗斯福有很强的个人魅力，工作勤奋，聪明智慧。"

"威尔基是一位靠自己成功的小城市人，靠组织企业的天赋一路走来。"

"威尔基是公司法律顾问，他能给予大企业真正的支持。"

"新政已经对私人企业干预过多。"

"罗斯福正在使国家卷入同世界上大多数其他国家的战争中。"

"我们不应该选举任何一个竞选第三任期的总统而破坏民主传统。"

"如果罗斯福成为总统，美国不太可能受到希特勒的支配。"

"威尔基会通过增强企业的信心来扩大生产。"

如果一个选民认同支持己方的理由或者不认同支持对方的理由，他就会得+1分。如果他不认同己方的理由或者认同对方的理由,他就会得-1分。对任一理由犹豫不决的人得分为0。因此,从理论上说,每一受访者所得的分值都在+8到-8之间。25%的对这些理由完全或几乎完全认同的受访者得分在+6到+8之间。35%对这些理由的认同热情不高的受访者得分在+1到-5之间。

The People's Choice: How the Voter Makes up His Mind in a Presidential Campaign, Third Edition by Paul F. Lazarsfeld, Bernard Berelson, and Hazel Gaudet

Copyright 1944, 1948, 1968 Columbia University Press

Chinese Simplified translation copyright © 2012
by China Renmin University Press

Published by arrangement with Columbia University Press
through Bardon-Chinese Media Agency
博达著作权代理有限公司
All rights reserved.

图书在版编目（CIP）数据

人民的选择——选民如何在总统选战中做决定/（美）拉扎斯菲尔德，（美）贝雷尔森，（美）高德特著；唐茜译．—北京：中国人民大学出版社，2011
（当代世界学术名著·新闻与传播学译丛·大师经典系列）
ISBN 978-7-300-14909-7

Ⅰ.①人… Ⅱ.①拉…②贝…③高…④唐… Ⅲ.①总统-选举-研究-美国 Ⅳ.①D771.224

中国版本图书馆 CIP 数据核字（2011）第 260331 号

当代世界学术名著
新闻与传播学译丛·大师经典系列
人民的选择
选民如何在总统选战中做决定
第三版
　　保罗·F·拉扎斯菲尔德
［美］伯纳德·贝雷尔森　　　著
　　黑兹尔·高德特
唐茜　译　展江　彭桂兵　校
Renmin de Xuanze

出版发行	中国人民大学出版社			
社　　址	北京中关村大街 31 号		邮政编码	100080
电　　话	010-62511242（总编室）		010-62511398（质管部）	
	010-82501766（邮购部）		010-62514148（门市部）	
	010-62515195（发行公司）		010-62515275（盗版举报）	
网　　址	http://www.crup.com.cn			
	http://www.ttrnet.com（人大教研网）			
经　　销	新华书店			
印　　刷	涿州市星河印刷有限公司			
规　　格	155 mm×230 mm　16 开本		版　次	2012 年 6 月第 1 版
印　　张	13.25 插页 2		印　次	2020 年 5 月第 3 次印刷
字　　数	177 000		定　价	39.80 元

版权所有　　侵权必究　　印装差错　　负责调换